Tirso de Molina

La gallega
Mari-Hernández

Barcelona **2024**
Linkgua-ediciones.com

Créditos

Título original: La galllega Mari-Hernández.

© 2024, Red ediciones S.L.

e-mail: info@Linkgua-ediciones.com

Diseño de cubierta: Michel Mallard.

ISBN tapa dura: 978-84-1126-231-6.
ISBN rústica: 978-84-9816-509-8.
ISBN ebook: 978-84-9953-214-1.

Sumario

Brevísima presentación

La vida

Tirso de Molina (Madrid, 1583-Almazán, Soria, 1648). España.

Se dice que era hijo bastardo del duque de Osuna, pero otros lo niegan. Se sabe poco de su vida hasta su ingreso como novicio en la Orden mercedaria en 1600 y su profesión al año siguiente en Guadalajara. Parece que había escrito comedias, al tiempo que viajaba por Galicia y Portugal. En 1614 sufrió su primer destierro de la corte por sus sátiras contra la nobleza. Dos años más tarde fue enviado a la Hispaniola (actual República Dominicana), regresó en 1618. Su vocación artística y su actitud contraria a los cenáculos culteranos no facilitó sus relaciones con las autoridades. En 1625, el Concejo de Castilla lo amonestó por escribir comedias y le prohibió volver a hacerlo bajo amenaza de excomunión. Desde entonces solo escribió tres nuevas piezas y consagró el resto de su vida a las tareas de la orden.

Personajes

El rey don Juan II de Portugal
Don Álvaro de Ataíde
Doña Beatriz de Noroña
Mari-Hernández, gallega
Garci-Hernández, viejo
El conde de Monterrey
Don Egas
Caldeira
Dominga
Carrasco, serrano
Otero, serrano
Martín, serrrano
Benito, serrano
Corbato, serrano
Gilote, serrano
Vasco, serrano
Un Cazador
Dos soldados portugueses
Dos criados del Conde
Soldados castellanos
Acompañamiento del Rey y del Conde

Jornada primera

(Salen don Álvaro y doña Beatriz.)

Álvaro   De dos peligros, Beatriz,
por excusar el más grave,
se ha de escoger el menor.
¿Qué importa que el rey me mate?
Ya sé que a voz de pregones
me busca, y por desleales
condena a cuantos supieren
de mí, sin manifestarme.
El rey don Juan el segundo
de Portugal y el Algarbe,
que aunque airado contra mí,
mil años el cielo guarde,
dando a traidores orejas,
que persiguiendo leales,
quieren de bajos principios
subir a cargos gigantes,
ha cortado la cabeza
a don Fernando Alencastre,
primo suyo, y duque ilustre
de Berganza y Guimaranes,
por unas cartas fingidas,
que su secretario infame
contrahizo y entregó,
en que da muestras de alzarse
con la corona, escribiendo
a los reyes que ignorantes
de este insulto, las reliquias
destierran del nombre alarbe.
A Fernando e Isabel
digo, que a Castilla añaden

un nuevo mundo, blasón
de sus hechos alejandres.
Verosímiles indicios
no admiten en pechos reales,
cuando la pasión los ciega,
argumentos disculpables.
Andaba el rey receloso
del duque, porque al jurarle
en las cortes, cuando en Cintra
llevó Dios al rey su padre,
reparando en ceremonias,
por no usadas, excusables,
quiso según las antiguas
hacerle el pleito homenaje.
Valiéronse de este enojo
lisonjeros, y parciales
le indignaron, que en los reyes
son crímenes los achaques.
Siguiéronse cartas luego
contrahechas, que a indiciarle
bastaron con tanta fuerza,
que aunque el duque era su sangre
en évora le justicia,
sin que lágrimas le aplaquen
de la reina, hermana suya,
de sus privados y grandes.
Huyen parientes y amigos;
porque a enojos majestades
en los ímpetus primeros,
no hay, inocencias que basten.
Dos hermanos y tres hijos
van a Castilla a ampararse
de Fernando e Isabel.
¡Quiera el cielo que en él le hallen!

Al conde de Montemor
su hermano, y gran condestable
de Portugal, aunque ausente,
ha mandado el rey sacarle
en estatua, y en la villa
y plaza mayor de Abrantes
la espada y banda le quita
cuadrada, que es degradarle
de condestable y marqués,
y luego degollar hace
el simulacro funesto,
saliendo —¡rigor notable!—
sangre fingida del cuello
de la inanimada imágen.
Yo, que como primo suyo,
soy también participante,
si no en la culpa en la pena,
para que también me alcance,
estoy dado por traidor;
y por la lealtad de un paje,
que despreciando promesas
no temió las crueldades
con que amenazan los jueces,
dos meses pude ocultarme
en un sepulcro, que antiguo
en vida las honras me hace.
Pero ahora que estoy cierto
que el rey, declarado amante
de tu hermosura, ha venido
a esta villa a visitarte,
atropellando consejos,
perdiendo al temor cobarde
el respeto que la vida
y la honra es bien que guarde,

si desesperado no,
celoso mi agravio sale
de sí y del sepulcro triste,
asilo hasta aquí, ya cárcel.
Celos, Beatriz, poderosos
han bastado a levantarme
del sepulcro. Muerto estoy.
Bien puedo decir verdades.
Dos años ha que te sirvo,
con que haya, por adorate,
estorbos que no atropelle,
imposibles que no pase.
Con palabras y promesas
esperanzas alentaste,
que dudosas que las niegues,
hoy vienen a ejecutarte.
Ser mi esposa has prometido;
pero ya que ciega y fácil
la Fortuna, en fin mujer
firme solo en ser mudable,
levanta tus pensamientos
cuando mis dichas abate.
¡Tú, igualándote a coronas,
yo indigno, ya que me iguale
al mas rústico pastor;
tú marquesa respetable,
yo sin estados, ni hacienda!
¡Ay Beatriz! No hay que culparte
que me aborrezcas y olvides.
Gócete el rey. Muera, inhábil
de merecer tu belleza,
un conde ayer, hoy imágen
y sombra de lo que ha sido;
que cuando el rey aquí me halle,

porque de mí quedes libre,
yo gustaré que me mate.

Beatriz   Tan desacordado vienes,
que a no ocasionar tus males
a llorar desdichas tuyas,
riyera tus disparates.
Para salir del sepulcro,
donde viven las verdades
entre huesos, desengaños,
que no admitieron, en carne,
no sales con la cordura
que pudieran enseñarte
escuelas del otro siglo.
Donde no hay ciencias que engañen,
la historia del malogrado
duque vienes a contarme,
como si yo la ignorara,
cabiéndote tanta parte
a ti en ella como a mí
de lágrimas; que a enseñarte
reliquias que en lienzos viven,
bastaran a acreditarme.
Antes de haber delinquido,
en mi ofensa sentenciaste
olvidos solo en potencia.
¡Ay don Álvaro de Ataíde!
Necios jueces son los celos,
pues sus ciegos tribunales,
sin interrogar testigos,
condenan lo que no saben
aunque de lo que te imputan
enemigos criminales
inocente estés, que es cierto,

pues en ti traición no cabe,
solo la mala sospecha
que contra el amor constante
de mi pecho has hoy tenido,
hasta para condenarte;
porque donde el valor vive,
tal vez delitos amantes
son de más ponderación
que las lesas majestades.
De la triste compañía
donde vivo te enterraste,
la desazón se te pega
que muestras. No es bien me espante.
Sin estado perseguido,
sin amigos que te amparen,
sin parientes que te ayuden,
sin vasallos que te guarden,
te quiero más que primero;
que, porque al fino diamante
le desguarnezcan del oro,
no desdicen sus quilates.
Déjame pelear primero,
y cuando el contrario cante
la victoria, entonces dime
vituperios que me agravien;
que si por ser mujer yo,
temes de mi sexo frágil
banderizados empleos,
soy portuguesa, y bien sabes
que no ha habido en mi nación
ninguna a quien los anales
que afrentas inmortalizan
puedan notar de inconstante.
Amabas presuntüoso;

pretendías arrogante;
pudo ser por las riquezas,
siempre soberbias y graves.
Y yo también pudo ser
que por ellas te estimase,
repartiendo en ti y en ellas
deseos interesables.
Ya podrás hablarme humilde,
y yo en amor mejorarme,
queriéndote por ti solo,
si tú pobre, yo constante.
Estado, hacienda y honor
la Fortuna, diosa frágil,
te quitó. Guarda la vida;
que como ésta no te falte,
sin estado, honor ni hacienda
te estimo en más que los reales
blasones que me persiguen,
y no han de poder mudarme.
Noroña soy, si él es rey;
esposa tiene a quien ame,
e ilegítimos empleos
no han de ofender mi linaje.
Raya es ésta de Galicia
si encubiertamente sales
con el favor de la noche,
amparo de adversidades,
cuando tú seguro estés,
y des orden de avisarme,
te seguiré firme yo;
que empeñando mis lugares,
y recogiendo mis joyas,
castellanas majestades,
de rigores portugueses,

tiene España que nos guarden.
Dame los brazos, y adiós.

Álvaro

Tu nombre en mármoles graben.

(Sale Caldeira.)

Caldeira

Deja agora grabaduras
para escultores y jaspes.
¡Cuerpo de Dios! Y preven
o escondrijos o gaznates,
que el rey don Juan entra aquí.

Beatriz

¡Ay, mi bien!

Caldeira

¿No habrá desvanes,
chimeneas, gallineros,
o un cofre en que agazaparme?

Álvaro

Ya, Beatriz, vuelven sospechas
de nuevo a martirizarme.
¡El rey de noche, y a verte,
sin tu permisión!

Beatriz

No te halle
aquí. Tras ese tapiz
te pon; que si has de escucharle,
y lo que respondo adviertes,
yo sé que de los pesares
que me das, perdón me pidas.

Caldeira

¡Que viene, que entra, que sale!

Beatriz

Mi bien, ¿quieres esconderte?

Álvaro	¡Ay! ¡Quién pudiera feriarte la firmeza de los montes!
Caldeira	¡Ay! ¡Quién pudiera tornarse o chapín o bacinilla mono, papagayo o fraile!

(Ocúltanse detrás de una tapiz don Álvaro y Caldeira Salen el Rey, don Egas y acompañamiento.)

Rey	Para divertir, marquesa, penas de razón de estado, que desleales me han dado, porque de mi bien les pesa, a vuestra villa he venido, y esta noche a vuestra casa.
Beatriz	No sabéis honrar con tasa, pródigo habéis, señor, sido ilustrando estas paredes, donde, como vos decís, penas tan bien divertís, que en vos es hacer mercedes.
Rey	Para que verifiquéis aquesa proposición, traigo, Beatriz, intención de que mañana os caséis.
Beatriz	¡Cómo, gran señor!
Rey	Yo he sido vuestro amante; que las leyes

de amor no exceptúan reyes.
Constante habéis resistido
   mi poder y voluntad,
porque mienta la experiencia
que afirma no hay resistencia
contra un gusto majestad;
   y yo también, vuelto en mí,
cuerdo he juzgado a vergüenza
que una mujer reyes venza,
y un rey no se venza a sí.
   Soy casado, y vos doncella.
Heredad que está sin dueño
no corre riesgo pequeño,
y más heredad tan bella.
   Dueño os prevengo, en efeto;
que un marido puede tanto,
que al vasallo pone espanto,
y al rey obliga a respeto.
   El conde don Egas es
en quien los ojos he puesto,
noble, leal, y sobre esto
mi privanza. El interés
   de ser éste el gusto mío,
pienso yo que bastará
a que os obligue quien da
muerte así a su desvarío.

Beatriz   Quien de sus propias pasiones
sabe salir vencedor,
bien merece, gran señor,
hipérboles por blasones;
   que, en fin, no reinaba bien
cautiva la voluntad.
Doyle a vuestra majestad

18

mil veces el parabien
del discreto desempeño
con que el alma ha libertado,
y yo se le hubiera dado
a mi dicha por el dueño
que su mano me ha ofrecido,
si no sintiera bajar
de más a menos y dar
pena a un amor ofendido.
Que puesto que fue el honor
resistencia poderosa
contra el alma que piadosa
estimaba vuestro amor;
ya en mí se habían engendrado
de vuestros reales empleos,
reales también los deseos,
y dentro en mí un real estado;
que negándoos exteriores
permisiones el honor,
estimaban vuestro amor
pensamientos interiores.
Y con afecto amoroso,
cuando el amor resistía,
dentro del alma os tenía
por mi legítimo esposo;
pues con tales fundamentos,
no era mucho conservar
el cuerpo libre, y gozar
casados sus pensamientos.
Mas pues burlados los hallo,
no será conforme a ley
que quien fue esposa de un rey
lo venga a ser de un vasallo.
Ni a vos os puede estar bien

que en ofensa de los dos,
hombre que es menos que vos,
goce a quien quisistes bien.

Rey   ¿Vos me habéis querido a mí?

Beatriz   Dentro del alma os llamaba
esposo, y os adoraba.

Rey   Creyera yo ser así
   a no venir advertido
de que es mi competidor,
marquesa, un conde traidor
por vos a un rey preferido.
   Mirad como haré caudal
del amor que me tenéis
interior, si posponéis
a un rey por un desleal;
   que yo de nuevo agraviado
deslealmente por los dos,
si como confesáis vos,
de esposo nombre me han dado
   pensamientos ya violentos,
pues a un traidor dan lugar,
bien podré en vos castigar
adúlteros pensamientos,
   y en él la injuria que pide
quien dueño vuestro se llama
pues me ofende en reino y dama
don Álvaro de Ataíde.

Beatriz   Señor...

Rey   ésta es la verdad.

20

A informaciones ya hechas
y probadas, no hay sospechas
que ofusquen su claridad.
    Don Álvaro huyó a Castilla
con los demás desleales,
cuyas ambiciones reales
aspiraban a mi silla.
    Correspóndese con vos,
y en la raya de Galicia,
Beatriz, vuestro estado, indicia
muchos cargos contra vos.
    Para que de ellos quedéis
libre, y Portugal seguro,
hoy desposaros procuro.
Conde os doy. Si le perdéis...

Beatriz   Que un amante celos pida,
con buena o mala ocasión,
por ser la mejor sazón
de amor, cosa es permitida;
    pero un marido a su esposa,
en culpa no averiguada,
y menos que con la espada,
siempre fue acción afrentosa.
    Sabiendo pues que le llama
esposo mi voluntad,
no hace vuestra majestad
bien en ofender su fama;
    pues culpando mis intentos,
ya el ser mi esposo ha acetado,
cuando me atribuye airado
adúlteros pensamientos.
    Y siendo así, mis cuidados
que en tan mal crédito están,

desde ahora llorarán
pensamientos mal casados;
   que yo en fe de que tenía
dentro el alma un dueño rey,
por ser esposa de ley,
con tal presunción vivía,
   que no a don Álvaro que es,
aun cuando fuera leal,
a mi altivez desigual
al príncipe portugués,
   que es sucesor vuestro en fin,
juzgara, cuando me amase,
indigno de que aun besase
la suela de mi chapín.
   Perdone este atrevimiento
vuestra majestad, señor;
que pierde el respeto amor
cuando está con sentimiento.
   Yo tengo el alma empleada
en un rey, de quien mujer
se llama, y no puede ser
con dos a un tiempo casada.
   Ponga en Cháves guarnición,
por ser de Galicia raya,
si es justo que de mí haya
tan poca satisfacción;
   y excuse así sus combates,
dándome licencia a mí;
que dirá, si estoy aquí,
mi agravio mil disparates.

(Éntrase por el tapiz detrás del cual están ocultos don Álvaro y Caldeira. Va el Rey a detener a la marquesa Beatriz y tirando del tapiz, quedan descubiertos los dos escondidos.)

22

Rey	Esperad. ¡Traidor! ¿Qué es esto?
Caldeira (Aparte.)	(Tramoya que salió mal.)
Rey	Matadme ese desleal.

Álvaro	Bien ese nombre me ha puesto.
	   Si es el que tienes al lado,
	falseador de firmas fieles,
	que como mata en papeles,
	y no viene acostumbrado
	   al acero en quien se suma
	el valor no lisonjero.
	Cobarde por el acero,
	solo es valiente por pluma.
	   Con ella sí que hará alarde
	de hazañas que un rey premió;
	pero con la espada no;
	que el traidor siempre es cobarde.

Egas	Mi lealtad, que es conocida, cual tu traición confirmada, confirmará aquesta espada.

(Echan mano los tres.)

Álvaro	La color tienes perdida,
	   y ella quién eres declara;
	que para que te convenza,
	tuvo tu sangre vergüenza
	de desmentirte en cara.
	   No es bien que mi acero afrente,
	cuando en ti mancharse duda;

23

que el leal no le desnuda,
teniendo a su rey presente.
Para ti de aqueste modo
basta y sobra.

(Dale un golpe con la espada envainada, y vase.)

Caldeira (Aparte.)   (¡Oh, cómo pegas!)
Por esto, hermano Don Egas,
se dijo: «Con vaina y todo».

(Vase Caldeira.)

Rey   Seguidle, matadle. ¡Ah cielos!
Pero no le alcanzarán
cobardes, si no es que van
volando tras él mis celos.

(A don Egas y otro Caballero.)

Quede en prisión la marquesa,
y en guarda suya los dos.

(Vase el Rey.)

Beatriz (Aparte.)   (Álvaro, si os libráis vos,
¿qué importa morir yo presa?)

(Vanse todos. Salen Carrasco y Otero, encima de las peñas y mirando
adentro.)

Carrasco   ¡Aquí de la serranía!
¡Aquí a la hoya, ahao a la hoya!

Otero	Serranos, aquí fue Troya.
	No quede lobo este día
Carrasco	¡Ah cuerpo de non de Dios!
	¡Habíades de caer!
Otero	No hay son matar y comer.
Carrasco	Como burros son los dos.
Otero	Viva la gala, serranos,
	del valle de Limia.

(Voces dentro.)

Voz	¡Viva!

(Salen Martín, Benito, Corbato y Gilote, saliendo por el proscenio.)

Carrasco	¡Ah del valle!
Benito	¡Ah, de allá arriba!
Otero	¡A los llanos!
Todos	¡A los llanos!
Martín	¡Eso sí, gritar y dalle!
	La voz tenéis de codicia.
Carrasco	Al paraíso de Galicia.
	¡Serranos, al valle!
Todos	¡Al valle!

(Bajan de las peñas Carrasco y Otero.)

Gilote   ¡Famosa presa, Carrasco!

Carrasco   Cual de pies, cual de cogote,
                      cayeron lobos, Gilote,
                      que es contento.

Otero   Del peñasco
                      se despeñó un jabalín.

Benito   Salve y guarde.

Otero   Bien venido.

Benito   Catorce diz que han caído.

Carrasco   Llególes su San Martín.

Benito   Diez jabalíes, seis venados,
                      tres zorras y tres garduñas.

Gilote   No les valieron las uñas.

Benito   Vengáronse los ganados.

Otero   ¡Ojalá que en esta sierra
                      hiciéramos otro tanto
                      de los jodíos que el santo
                      reye de España destierra!

Carrasco   Si, Fernando e Isabel
                      rayos de jodíos son.

Otero	De la santa esquinación huye esta canalla infiel, y se nos acoge acá.
Gilote	De la inquisición diréis.
Otero	Sí, vos que leer sabéis, acertaréis.
Benito	Gil sí hará.
Otero	Un comisón ha venido en su busca...
Gilote	Comisario se llama.
Otero	Y un calendario de los reyes ha traído, que le nombran procesión...
Gilote	Provisión.
Otero	Para prendellos, y andamos a caza de ellos, Carrasco, que es bendición.
Benito	Disfrázanse entre nosotros que ni los conocerá un zahoril.
Otero	Yo topé ya, aunque se metan entre otros

| | una famosa invención
con que conocerlos luego. |

Gilote   ¿Y es?

Otero   A la nariz les llego
un pedazo de jamón;
   y el que es cristiano echa el diente,
y el que no, las tripas echa.

Carrasco   ¡Oh qué maldita cosecha!
¿Qué no cree en Dios esta gente?

Gilote   No.

Carrasco   Yo en la romana igreja
creo.

Benito   Con ella me avengo.

Otero   Serranos, a eso me atengo;
que es, en fin, cristiana vieja.

Benito   Como tien Castilla guerra
con Portugal tanto há,
los fronterizos de acá
habitamos en la sierra.
   Ni hay tiempo para prendellos.

Gilote   Todos, poquito a poquito
se mos van allá bonito.

Otero   Allá se lo hayan con ellos;
   que acá haremos entre tanto

lo que nueso amo nos manda,
que es andar en su demanda.

Martín   Es buen cristiano.

Gilote   Es un santo.

Otero   ¿Garci-Hernández? No hay viejo
desde Limia a Monterrey
de mas virtúd ni mas ley.

Benito   ¿Y su hija?

Carrasco   Ésa es espejo
de Galicia.

Corbato   Déle Dios
un marido del tamaño
de aquel nogal o el castaño
que tenéis a par de vos.

Carrasco   Hoy cumple años.

Gilote   Y hoy festeja
de su padre el alegría
a toda la serranía.

Benito   Viva un sigro, y nunca vieja.

Otero   Par Dios, que cuando la veo,
de manera me enberrincho,
que como rocín relincho.

Carrasco   ¡Mas arre allá!

Martín	Yo babeo
	siempre que la llego a habrar.
Carrasco	Todo un Sol tiene en la cara.
Otero	A fe, si ella se pagara
	de tirar, correr, luchar,
	que ella huera presto mía.
Benito	Eso no, donde estoy yo.
Otero	¿Vos conmigo?
Benito	Yo, que só
	gala de esta serranía.
Otero	¡Mas nonada!
Benito	Para vos.
Otero	Benito, callá, vos digo.
Benito	¿Pues lucharéis vos conmigo?
Otero	Con vos y con otros dos.
Benito	¿Qué ha de ir?
Otero	Vaya una cabra.
Benito	Par Dios, vayan dos y aun tres.
Otero	Idas son.

Benito	Desnudaos pues.
Gilote	Teneos.
Otero	Nadie habre palabra, porque un hombre con colera derriba un toro, Gilote.
Benito	Quitaos el sayo y capote.
Otero	Ya le quitan.
Corbato	Ropa huera,

(Quítanle los sayos, y déjanselos a un lado.)

que todos seremos jueces.

Carrasco	Este soto es buen lugar.
Otero	Par Dios, que habéis de llevar hoy un pan como unas nueces.

(Luchando Benito y Otero van retirándose hasta salir del teatro siguiéndolos los otros serranos. Salen don Álvaro y Caldeira.)

Álvaro	Caldeira, ésta es Galicia. No vive en estas sierras la malicia de envidias y traiciones, de lisonjas, engaños y ambiciones. Los que en mi busca vienen, aquí jurisdicción ni ayuda tienen.

Caldeira	Asperilla es la tierra.
Álvaro	Es de Laroco esta empinada sierra, y Limia este florido Valle, que es guarnición de su vestido, por fértil estimado; el de Laza, que yace a estotro lado, ameno se avecina al val de Monterrey, con quien confina. Cinco leguas de Chaves dista este monte.
Caldeira	Bien la tierra sabes.
Álvaro	Fue el conde gran mi amigo, de Monterrey, y discurrió conmigo, cazando, varias veces su aspereza, ya a costa de los peces de sus aguas, que hay muchas habitación de celebradas truchas; ya en jabalíes cerdosos ensayando venablos, y ya en osos.
Caldeira	Si es tan tu amigo el conde, vamos a Monterrey.
Álvaro	No corresponde con la amistad pasada la presente.
Caldeira	¿Por qué?
Álvaro	La guerra airada lo descompuso todo.

Sirvió a su rey, y yo del mismo modo
leal sirviendo al mío.
Paró nuestra amistad en desafío.
En la infeliz batalla
de Toro, que si quiere celebralla,
como es razón, Castilla
puede con mil ventajas preferilla
a la de Aljubarrota,
quedamos enemigos.

Caldeira   Pues acota
                rancho en que descansemos;
                que cinco leguas caminado habemos
                a pata, huyendo espías,
                y a Bercebú se dan las tripas mías.

Álvaro   Si aquestos montañeses
                alcanzan a saber que portugueses
                somos los dos, no estamos
                seguros de sus manos.

Caldeira   Pues, buyamos.

Álvaro   ¿Dónde? Hasta ver si es cierto
                que la marquesa mi esperanza ha muerto
                y al rey don Juan adora,
                como dijo...

Caldeira   Por Dios, que estás ahora
                con linda sorna. Acaba.

Álvaro   ¿No dijo al rey la ingrata que le amaba,
                gozando sus cuidados
                pensamientos de amor, con él casados?

Caldeira	No sé, por Dios; yo vengo con más hambre que amor, y te prevengo que socorras desmayos.

(Reparando en la ropa de Otero y Benito.)

Dos capotes son éstos y dos sayos.

Álvaro	Espera; que con ellos temores excusamos.
Caldeira	Si a traellos te aplicas, con su traje no dice mal el portugués lenguaje pues se distingue poco de la lengua gallega.
Álvaro	De Laroco las sierras, que son éstas, entre antiparas pobres, mal compuestas, habitaré entre tanto que salgo del celoso y ciego encanto en que el Amor me puso. De aquí a mi ingrata avisaré confuso, Disfrázate tú y todo.
Caldeira	Entre aquellos castaños me acomodo; que si su dueño sale por su ropa, querrá lo que no vale.
Álvaro	¿Por qué se habrán dejado los vestidos aquí?

Caldeira	Si se han picado
	con el calor molesto,
	querrán echar al agua todo el resto.
Álvaro	Aquí el Tamaga baña
	apacible los pies de esta montaña.
	No dices mal.
Caldeira	Addío.
	Esconderé en aquel lugar sombrío
	los trajes cortesanos,
	porque pasemos plaza de villanos.
Álvaro	Caldeira, vuelvo luego.
Caldeira	Par Dios, que de esta vez quedas ga lego.

(Vase Caldeira.)

Álvaro	Cansancios pesadumbres
	alientan la fuerza al sueño.
	Entre tanto que risueño
	guarnece el Sol estas cumbres,
	quiero dar pruebas a enojos,
	y desmentir mis cuidados;
	que si atormentan soñados,
	no es a costa de los ojos.

(Échase a dormir. Salen arriba, por las peñas, Dominga y Mari-Hernández con vestido y tocado a lo gallego.)

María	Hoy, Dominga, que cumpro años,
	padre os quiere festejar.

Dominga	Tantos llegues a contar,
	como hojas estos castaños;
	al Sol te saquen tus nietos
	en una espuerta.
María	¡Merá!
	¿Y qué he de her con tanta edá,
	si enfadar a los discretos?
Dominga	Deseo que a sigros llegues.
María	¿Hay más aborrible cosa,
	que una vieja que hué hermosa,
	la cara llena de priegues,
	y aojando con la vista?
	Dominga, morir me agrada
	moza, y de todos llorada,
	mejor que vieja y mal quista.
Dominga	Discreta eres hasta en eso.
	Baja con tiento; no cayas.
María	Mientras que del valle trayas
	juncia, retama y eantueso,
	para enramar el portal
	donde la cena ha de ser,
	claveles quiero coger,
	con madreselva.
Dominga	¿Y qué tal
	la hallarás par de la huente
	dell olmo?
María	Por ella bajo.

Dominga	Yo, echando por este atajo,
	vó a ver si vuelve la gente
	que hue a traernos despojos
	de lobos, pues que los has
	convidado.

María	¿Y dó podrás
	hallarlos?

Dominga	Hacia los tojos.

(Vase Dominga, y salta Mari-Hernández de las peñas abajo. Don Álvaro queda dormido.)

María	Ya yo la cuesta he bajado.
	Carcajadas da de risa
	la huente que bulle aprisa.
	¡San Gil! ¿qué hombre está aquí echado?
	Desde la cintura arriba
	es pastor, y lo que queda,
	está vestido de seda.
	A sabor duerme. ¡Y que viva
	un hombre, y parezca muerto
	no tenéis vos mucho amor,
	pues dormís tan a sabor,
	ni os penan deudas despierto.
	éste será algún jodío
	de los que andan a prender,
	porque no quieren comer
	tocino! ¡Qué desvarío!
	Yo quiero dar hoy venganzas
	a la igreja y sus enuestos;
	que quien mata alguno de estos

37

diz que gana perdonanzas.
Esta media lancha tomo.

(Toma una piedra y súbese en una peña bajo la cual está echado Don Álvaro.)

Y desde aqueste repecho,
a dos manos se la echo
sobre la cabeza a plomo;
  y de un golpe, si no yerro,
a nuestra ley doy socorro,
y a nuestro jodío ahorro
de dolor, cura y entierro.
  Allá va. Manos, teneos;
que en tan buena catadura
no puede haber judaizura;
que los jodíos son feos.
  ¡Válgate Dios por dormido!
¿Qué has hecho en mi corazón?
En mi vida vi garzón
más apuesto y más garrido.
  En sueños me ha quillotrado
el pecho. ¡Ay sosiego mío!
Sotil ladron sois, jodío,
pues ell alma me heis robado.
  Mas ¿para qué llamo robo
lo que yo le di primero
de grado? Llamarle quiero.

(A voces.)   ¡Guarda el lobo! ¡Guarda el lobo!

(Despertando alborotado don Álvaro.)

Álvaro   Lobos ¿qué mal me han de hacer,
si soy portugués?

María   Tente, hombre;
que me ha espantado ese nombre.

(Coge una piedra.)

Álvaro   ¿Qué es de los lobos, mujer?

María   Téngase allá.

Álvaro   Una cordera
he visto en vez de los lobos.

María   Así engañan a los bobos.

Álvaro   ¡Ay cielos!

María   Téngase ahuera.

Álvaro   ¡Qué peregrina hermosura!

María   A fe que dormís de espacio.

Álvaro   A ser la sierra el palacio,
donde no hay quietud segura,
    con menos gusto durmiera.

María   ¿Tiene enemigos allá?

Álvaro   Nadie sin ellos está.

María   ¿Y duerme de esa manera?

Álvaro   En esta montaña yerma,

¿qué temor no se asegura?

María   Pues acá nos dice el cura,
que quien los tiene, no duerma.

Álvaro   Sentencia de sabio es ésa.

María   Yo de un golpe, a no llamarle
con la muerte pude darle
la losa para la huesa.

Álvaro   ¿Pues heos ofendido yo?

María   Si es jodío, claro está.

Álvaro   Fijodalgo soy.

María   ¿Verdá
que no es judaicero?

Álvaro   No.

María   ¿Cree en la igreja romana?

Álvaro   Su culto obedezco santo.

María   Pues si es ansí, suelto el canto.

(Arrójale.)

Álvaro (Aparte.)   (¿Hay mas donosa serrana?)

María   Hombre parece de bien.
Ya le voy perdiendo el miedo.

¿Sabe el credo?

Álvaro   Bien sé el credo

María   ¿Y el padre nueso?

Álvaro   También.

María   ¿Y persinarse?

Álvaro   ¿Pues no?

María   A ver, veamos.

Álvaro (Aparte.)   (¡Qué extraña
sencillez!)

María   ¡Mas que me engaña!

Álvaro   Mi sangre no permitió
                   ningun error tu herejía,
                   porque es limpia, ilustre y clara.

María   Ansí lo dice su cara;
                 mas yo, miéntras él dormía,
                    por matar un renegado,
                 tomé la lancha que enseño;
                 que para matar, el sueño
                 ya se tien lo mas andado.

Álvaro   ¿No bastaban vuestros ojos?

María   (Barbinegro es el garzón,
                 y fidalgo; que acá son

los jodíos barbirojos.)

Álvaro   ¿Vos quisistes darme muerte?

María   A ser jodio, si hiciera.

Álvaro   Pues si gustáis que yo muera,
              no os arméis de aquesa suerte.
                 En los ojos tenéis flechas,
              que los corazones pasan.
              Palabras decís que abrasan
              de amores y de sospechas.
                 ¿Para qué venís cargada
              de piedras, si me mató
              el veros?

María   Por sí o por no
              no era mala una pedrada.

Álvaro   Vos dais muerte; ese Sol ciega
              el alma, a quien vida dais
              matando. ¿Cómo os llamáis?

María   Mari-Hernández, la gallega.

Álvaro   Bien haya aquesta aspereza,
              que os puede ver cada día.
              Este arroyo y fuete fría
              cristal de vuestra belleza;
                 las aves que os lisonjean,
              el prado que os rinde flores,
              el pastor que os dice amores,
              las almas que en vos se emplean,
                 el luto que en vos se hechiza,

                              la libertad presa en vos,
                              y yo que os he visto...

María   ¡Ay Dios!
                              ¡Qué bien que lo sermoniza!
(Aparte.)   (Ya no quedo de provecho.
                              Después que vi este garzón
                              saltos me da el corazón;
                              cosquillas tengo en el pecho.
                                 ¡Válgame Dios! ¿Qué será
                              lo que siento?)

Álvaro   En esta mano
(Tómasela y la besa.) pierdo el seso, el gusto gano.

María   El diabro le trujo acá.
                                 Pues ¿bésala?

Álvaro   Si me quemo,
                              ¿qué he de hacer por sosegar?

María   ¿No hay son llegar y besar?
                              Paso. Dochovos a o demo.
                                 ¿Es mi mano la del cura?

Álvaro   Sí, pues cura es de mi mal.
                              ¿Tiene tal vez el cristal,
                              ni la nieve tal blancura?
                                 Cortesanos artificios,
                              cuyas manos blancas son
                              mártires del jabón,
                              o del sebo sacrificios,
                                 aprended en la belleza
                              que aquí el descuido reparte,

la ventaja que hace al arte
la pura naturaleza.
    Dime, ¿con qué se repara
la pura luz que me das?

María   Lleve el dimuño lo más
que una poca de agua clara.
    Mas ¿dó vais vos por aquí,
de esa manera perdido?

Álvaro   A ver mi muerte he venido.

María   ¿Buscáis a quien servir?

Álvaro   Sí.

María   ¿Sabréis her carbón?

Álvaro   Si el fuego,
serrana, ese oficio enseña,
abrasado estoy.

María   De leña
digo.

Álvaro   Cuando a vos me llego,
    leña soy. ¡Ay, manos mías!
Vosotras ¿no me encendéis?

María   ¡Ah hi de pucha! ¡Qué sabéis
de chanzas y roncerías!
    ¿Queréis servir a mi padre?

Álvaro   Y daros el alma a vos.

44

María	No hay mandones si los dos; que ya se murió mi madre. ¿Cuánto ganáis de soldada?
Álvaro	De soldada gano un Sol que adoro, en cuyo arrebol está mi alma a soldada; mas ¿qué ganará un perdido que por vos sin seso está?
María	Al que más, le dan acá seis ducados y un vestido. Si queréis, vamos a casa que yo con mi padre haré que os reciba.
Álvaro	No podré, María, con tanta tasa vivir, si algo no añadís.
María	¿Y será?
Álvaro	Serrana mía, una mano cada día.
María	¡Mas matarla!
Álvaro	¿Qué decís?
María	Que mi padre os la dará.
Álvaro	No ha de ser, serrana bella, sino ésta.

(Tomándosela.)

María	¿Y qué heis de her con ella?
Álvaro	Besarla.
María	¿Pues dónde habrá manos para cada día?
Álvaro	Dos que remudar tenéis.
María	Caro servís.
Álvaro	¿Qué queréis?
María	Soltad.
Álvaro (Aparte.)	¡Ay gallega mía! (Beatriz, si de mis desvelos fuiste causa y te has mudado, ya en estas sierras he hallado contrayerba de tus celos.)
María	Ya sois de casa.
Álvaro	Soy vuestro.
María	Hablemos a padre.
Álvaro	Vamos.
María (Aparte.)	(Alma, en que entender llevamos.)

Álvaro (Aparte.)   (Amor, sed vos mi maestro.
                    Enseñadme a hacer carbón.)

(Toma la mano a María y bésasela.)

María   ¿Qué hacéis?

Álvaro   Cobro mi soldada.

María   ¿Tan presto?

Álvaro   Va adelantada

María   ¿Con beso?

Álvaro   Sí.

María   ¡Ay besucón!

                Fin de la primera jornada

Jornada segunda

(Salen Dominga y Caldeira.)

Caldeira

Yo pasaba a Santiago
desde Francia, peregrino;
robáronme en el camino
los vestidos y un cuartago
   en que un compañero y yo
descansábamos a ratos,
llevando sobre él los hatos
y alforjas. Él se quedó
   en la posada desnudo;
yo, de medio arriba Adán,
sobre el puro cordobán
un calzón de lino crudo.
   Hallé sin dueño este sayo
aquí y dije, no tan triste:
«También a los pobres viste
como a los campos el mayo.»
   Caminaba, hecho un cacique
por entre matas y tojos;
escondiéronse los ojos,
cada cual tras el tabique
   de los párpados; tendíme,
por dormir mas a mi salvo,
al pie de un peñasco calvo,
casa de monte sublime;
   y soñando en mis pecados,
me pareció que llegaban
y en volandas me llevaban
dos demonios corcobados.
   Desperté, haciéndome cruces,
cuando en su cama encarnada

la última boqueada
daba el día entre dos luces.
 Víte encima de esa loma
decir, alzando la voz:
«Hene, hene, hene, arrangoroz.»
Y no entendiendo el idioma
 de gallegos desaliños,
vi acercarse en escuadrones,
gruñendo, suegras lechones,
que aquí llaman vacoriños.
 No supe yo que juntaban
los cochinos de este modo
en Galicia. Temblé todo
pensando que me agarraban;
 quise huir; no supo el miedo;
desmayéme, y tú piadosa,
entre rolliza y hermosa,
a medio engullir un credo,
 fuiste mi segundo cura,
bautizándome otra vez.
Volví en mí, miré la tez
de esa gallega hermosura;
 y aunque nunca tuve cuyo,
como el alma te rendí,
por andar siempre tras ti,
quisiera ser puerco tuyo.

Dominga   Si vos, el hechizador,
lo sentís como lo habráis,
a buen puerto vos llegáis;
que a la fe que os tengo amor.
 No lo saben sermonear
los de acá tan a lo miel;
quizás lo hace el buriel,

50

o el carrasqueño manjar.

    Mas vos, aunque carichato,
en cada ojo socarrón,
tenedes, si hechizos son,
dos varas de garabato.

    Yo sirvo al mejor serrano
que toda la Limia tien;
es rico, y home de bien,
y cinco ducados gano.

    Siete da a cada vaquero;
si él os recibe y conoce,
siete y cinco serán doce.
Juntaremos el dinero;

    haremos hucha yo y vos.
Diez años le serviremos.
La alcancía quebraremos
a los diez años los dos.

    A doce ducados, son
diez años, sí bien lo cuento...
Diez a doce... veinti ciento;
que será lindo pellón.

    Compraremos vacoriños,
que los gallegos son bravos,
un prado en que sembrar nabos,
diez cabras y dos rociños;

    cogeremos ya el centeno,
ya la boroa, ya el millo.
¡Buen pan éste aunque amarillo,
sano el otro, aunque moreno!

    Gallinas, que con su gallo
mos saquen cada año pollos;
manteca de vaca en rollos;
seis castaños, un carvallo;

    una becerra y un buey;

y los diez años pasados,
podrá envidiarnos, casados,
el conde de Monterrey.

Caldeira   ¡Diez años!

Dominga   Pues ¿por qué no?

Caldeira   ¡Diez años, y sin rascar!
                    ¡Diez años! Será rabiar.

Dominga   ¿Mondaré nísperos yo?

Caldeira   ¿Cómo te llamas?

Dominga   Dominga.

Caldeira   Mi fiesta de guardar eres.
                    Si a lo prestado me quieres,
                    tu esclavo soy; ata y pringa.
                        Ya estarás golosmeada...
                    mas dudar en esto es yerro.
                    ¿Pasaste la cruz del Ferro
                    que vendrás desojaldrada?
                        ¿No has querido a nadie?

Dominga   ¿Yo?
                    Soy, por vida de mi padre,
                    tan virgen como mi madre
                    me parió.

Caldeira   Deja el «parió»
                    y a lo primero te llega;
                    pues ya sé yo, aunque, porfías,

que son muchas gollorías
pedir doncellez gallega.

Dominga
¿Cómo es tu nombre?

Caldeira
Godiño.

Dominga
(Dale en la barba.)
¡Ay mi Godiño pachón!
Encaja.

Caldeira
¿Soy tu lechón?

Dominga
No eres si mi vacoriño.

(Suena música.)

Caldeira
¿Qué es esto?

Dominga
Hay fiesta en el valle.

Caldeira
¿Pues por qué?

Dominga
Cumpre años hoy
la serrana de quien soy
crïada, el más lindo talle
   que toda Galicia tien;
y su padre, que la adora,
convida a la sierra agora.
Vamos... Mas nueso amo vien
   con sus serranos.

Caldeira
En fin,
¿hay hoy fiesta?

Dominga	Y colación. ¿Bailas?
Caldeira	Como un Salomón... digo como un matachín.
Dominga	Todo es uno.
Caldeira	¿Y tú?
Dominga	En el aire doy mil vueltas.
Caldeira	¡Ay chancera!
Dominga (Aparte.)	(¡Qué en tan mala cara hubiera tan quillotrador donaire!)

(Salen María, Garci-Hernández, y don Álvaro.)

García	En casa, garzón, estáis. María pide por vos.
Álvaro	Viváis mil años los dos.
García	Consuelo en veros me dais. ¿Sabréis arar?
Álvaro	En la huebra no doy a nadie ventaja, y por agosto la paja que el trillo empedrado quiebra, del grano aparto, amarillo.

García	Los gallegos al limpiallo, robustos juegan el mallo y menosprecian el trillo.
Álvaro	De todo sé lo que basta.
García	¿Cómo os llamáis?
Álvaro	Yo, Vireno.
García	Para vaquero sois bueno.
Álvaro	Eso me viene de casta.
García	Vaquero seréis.
María	Ya llega el baile.
García	Asentemonós.

(Hablan aparte don Álvaro y María.)

Álvaro	¿Qué no seré yo por vos, Mari-Hernández la gallega?

(Salen Carrasco, Martín, Benito, Corbato, Gilote, y otros serranos, y serranas por un lado; por el opuesto el Conde de Monterrey y acompañamiento.)

Conde	Razón, García, fuera que en vuestra fiesta yo parte tuviera, si no por conde vuestro por vecino a lo menos.

García	Señor nuestro,
	regocijos serranos
	no son para tan grandes cortesanos.
	La mano vitoriosa
	nos dad.

| Conde | Alzad, alzad. ¿Quién se desposa? |

García	Nadie, señor; María
	mi hija, y vuestra esclava, aqueste día
	cumple años, y festejo
	la sierra, remozándome, aunque viejo,
	amor en fin de padre,
	que en ella ve la imagen de su madre.

Conde	Hermosa estáis, María.
	No sé qué aguarda en darnos un buen día
	Vuestro padre espacioso;
	que ya vuestra belleza pide esposo.
	¿Cuándo os casáis?

| María | ¿Qué manda? |

| Conde | Que es bien daros marido. |

| María | Ya se me anda. |

García	Pues, señor, ¿qué venida
	es ésta? Mas quien sabe vuestra vida
	o en guerras ocupada,
	o en cazas de la paz ejercitada,
	no pregunta discreto.

| Conde | A negocios me envían de respeto |

nuestros reyes, García,
que concluír con Portugal querría.
Por esto me he pasado
tan cerca de vosotros, que olvidado
mi Monterrey, habito
a Portela, castillo del distrito
de esta sierra.

García   Debemos
gracias al rey Fernando, pues tenemos
tal señor por vecino
a causa suya.

(Hablan aparte don Álvaro y Caldeira.)

Álvaro   Pues el conde vino,
Caldeira, a coyuntura
que pueda conocerme, no asegura
mi peligro este traje.
Quiérome retirar; que será ultraje
el verme de esta suerte.

Caldeira   El conde es noble; no importara el verte
cono no se siguiera
que el rey don Juan de ti nuevas tuviera.

Álvaro   En esto me resuelvo.

María   ¿Vaisos?

Álvaro   Sí.

María   ¿Pues el baile?

| Álvaro | Luego vuelvo. |

(Vase don Álvaro.)

Conde	No sea yo, García,
	estorbo en vuestra fiesta y alegría.
	Prosígase, si es justo
	que participe yo de vuestro gusto.

García	Alto; pues quiere honrarnos
	su señoría, no hay por qué excusarnos.
	Siéntese en este escaño,
	que a falta de nogal, es de castaño.

(Siéntase el Conde.)

| Conde | Y vosotros y todo. |

| García | No, señor; bien estamos de este modo |

| Conde | Ésta es voluntad mía. |

| García | Obedecer. |

(Siéntanse García y María Hernández.)

| Conde | ¿No ha de bailar María? |

| María | ¿Quién duda, si él lo manda? |

| Conde | Ruégoslo yo. |

| María | Pues llegará mi tanda. |

(Habla María-Hernández aparte con su padre García y Dominga.)

            ¡Qué apacible!

García   Qué llano!

María   Es conde.

García   Es Acebedo.

Dominga   Es castellano.

(Bailan los serranos y serranas. Canta Dominga.)

Dominga   «Cando o crego andaba no forno
ardéra lo bonetiño e toudu.
Vos si me habés de levar, mancebo,
¡Ay! non me habedes de pedir celos.
Um galan traye da cinta na gorra;
diz que lla deu la sua señora.
Quérole bem a lo fillo do crego;
quérole bem por lo bem que le quero.
¡Ay miña mai! Passaime no río;
que se levam as agoas as lirios.
Assenteime em um formigueiro;
Docho a o demo lo assentadeiro.»

(Óyense tiros de armas de fuego. Sale Otero.)

Otero   ¡Nueso amo! ¡Aquí de la sierra!
¡Aquí del valle de Limia!
¡Aquí de Dios y del Rey!

García   Otero, ¿qué es esto?

Otero	Aprisa;
	que vienen contra nosotros
	los portugueses que habitan,
	desde Chaves a Braganza,
	las comarcas fronterizas.
	Una mujer huye de ellos
	—mejor diré rayo— encima
	de un caballo, que en los aires
	estampa huellas que pisa.
	Socórrala, señor conde;
	que las balas que le tiran,
	entre nubes de humo y fuego
	llueven, si no es que granizan.

(Desde adentro, como que está lejos.)

Beatriz	¡Serranos de estas montañas!
	¡Favor, ayuda!
Egas	La vida
	te ha de quitar esta bala.
Otero	¡Aquí de la serranía!
	¡Que se pasa Portugal
	a las sierras de Galicia!
García	¡A ellos, pues, mis serranos!
Carrasco	¡Traigan chuzos, mallos, vigas!
Conde	¡Hay igual atrevimiento!
García	Esto es, señor, cada día.

60

(Dentro, ya más cerca.)

Beatriz   ¡Favor, montañeses nobles!

García   Lijera dejó la silla
la animosa portuguesa,
y a nosotros se avecina.

Conde   Bajemos a darle ayuda.

García   El celo que trae, la libra
de tanto arcabuz.

Dominga   Ya llega
al piede nuesa montiña.

(Sale doña Beatriz, de corto, una espada desnuda en la manc, un tahalí, y en él una pistola, mucha pluma en el sombrero, y un gabán de tela.)

Beatriz   Serranos de esta aspereza,
conservación de la antigua
nobleza, de quien descienden
tantas casas de Castilla...
¡Ilustre Conde...!

Conde   ¡Marquesa!
¿Qué desgracias os obligan
a que honrando nuestros montes,
crezcáis con ellos mis dichas?

Beatriz   Ya no las tendré por tales,
pues en vuestro amparo olvidan
injustas persecuciones

de la ambición y la envidia.
Desleales que disfrazan
con apariencias fingidas,
que al rey venden por verdades,
testimonios y mentiras,
Cómplice, señor, me han hecho
de inocentes, que castigan
a persuasión de traidores,
autores de falsas firmas.
Mandóme prender el rey,
y a un don Egas, en quien cifra
el poder de su privanza,
a darle me necesita
palabra y mano de esposa.
Yo, que por no ver cautiva
la prenda mejor del alma,
menospreciaré la vida.
Con favor de la lealtad
de vasallos, que en mi estiman
el valor que el rey desprecia,
me dieron la noche misma
de mi prisión un caballo
y, hechas las sábanas tiras,
quiebran rejas y ventanas,
y generosos me libran.
Discurrí toda la noche
a su sombra que encamina
los pasos a mi inocencia,
hasta que publicó el día,
revelador de secretos,
mi fuga, y forzó a la ira
de un traidor, que priva, amante
a que con otros me siga.
Alcanzáronme a la raya

de este reino; y a la vista
la traición de mi lealtad.
Viendo que el cielo la libra,
para que el paso me atajen,
ministros de plomo envían;
que en tribunal de venganzas
son varas de su injusticia.
Desvaneciólas mi suerte,
y de las sierras de Limia,
viendo mi sagrado cerca,
vergonzosos se retiran.
Ésta es, gran conde, mi historia
si desdichada por mía,
ya tan dichosa por vos,
que mis agravios olvida.

Conde   A vuestros sucesos queda
nuestra tierra agradecida,
y yo más, que me ocasiona,
señora, a que en ella os sirva.
No echéis menos vuestro estado,
mientras el tiempo averigua
verdades que permanecen
eternas, si perseguidas.
Haced cuenta que trocáis
Portugal por Castilla,
y a Chaves por Monterrey,
pues desde ahora en su silla
sois absoluta señora;
y ella, estimando esta dicha,
amorosa os obedece
como a la condesa misma.
Los reyes Fernando y Juan
quieren renovar antiguas

amistades, ya cansados
de que castillos y quinas
desconformes se maltraten,
y yo, porque se consigan,
vengo, Marquesa, a tratarlas.
Entre tanto que se firman,
la condesa os servirá,
y regalaráos Galicia.
Ya en Monterrey, ya en Portela,
esa fuerza que a la vista
tenéis, llave de este reino,
que coronando la cima
de aquel apacible monte,
entrambas rayas registra.

Beatriz

Sois conde, al fin, Acebedo.
Con razón Fernando os fía
el peso de su privanza.

(Sale un Cazador.)

Cazador

Señor, si la caza estimas,
ponte a caballo y verás
la mas apacible riña
que entre brutos desconformes
vieron estas sierras frías.
Abrazado a una colmena
un oso, que de su almíbar
enamorado, escaló
la custodia de una encina.
Se defiende de tres perros,
que por más que le persigan,
sin que el robo dulce suelte,
sus ardides desatina.

Guarda el hurto con un brazo,
y con el otro, a la esgrima
dando lición, ensangrienta
colmillos que en carne afila.
Es cosa hermosa de ver
las abejas que a cuadrillas,
en defensa de su alcázar,
le asaltan, cercan y pican;
y el desenfado con que
con los dientes les fatiga,
trasladando a sus entrañas
sus golosas oficinas.

Conde   No es presa de perder ésta.
Si os servís, señora mía,
esperadme aquí entre tanto
que vuelvo.

Cazador   Has de darte prisa,
si quieres llegar a tiempo.

García   Vamos todos allá.

Cazador   Encima
de esta loma se verá.

(Vanse el Conde y su acompañamiento, García y los serrancs.)

Dominga   Cosa será entretenida.
¿No vas a verlo, serrana?

María   No estó para golosinas
de miel robada.

Dominga	¿Por qué?
María	Porque estó hecha un acíbar.
Dominga	¿Que te ha dado?
María	¿Qué sé yo?
Dominga	El mal que se comunica, dice el cura que se aplaca.
María	Ven y sabráslo, Dominga.

(Vanse Dominga y Mari-Hernández.)

Caldeira	Vuelva los ojos acá, Y hable Vuestra Señoría a un diptongo portugués, y gallego hermafrodita.
Beatriz	¡Caldeira!
Caldeira	Dame a besar dos dedos de zapatilla.
Beatriz	¿Y mi conde?
Caldeira	Ha renegado.
Beatriz	Acaba.
Caldeira	La verdad limpia te digo. Moro es el conde, y aun peor, si el refrán miras

de «antes moro que gallego».
Pero si me das albricias,
sígueme y verásle.

Beatriz   Vamos.
¡Ay dichosa fuga!

Caldeira   Imita
al vaquero que en Moraina
calza abarca, y viste frisa.

Beatriz   ¿A qué no obligan traidores?

Caldeira   Y el Amor ¿a qué no obliga,
pues me hace sábado?

Beatriz   ¿Cómo?

Caldeira   Porque vaya tras Dominga.

(Vanse. Salen Dominga y Mari-Hernández, muy triste.)

Dominga   Mal segura zagaleja,
la de los lindos ojuelos,
grave honor de los azules,
dulce afrenta de los negros,
¿qué tienes de ayer acá,
que a lo que colijo de ellos,
desveladas inquietudes
les tiranizan el sueño?
Ojeras se les atreven,
si es, serrana, atrevimiento
que patenas de cristal
guarnezca el amor de acero.

Risueñas y alegres niñas
daban risa al prado, y celos
a la flor de aquestos lirios,
al turquí de aquellos cielos.
Aojado te han, mi serrana.
Mucho lloras; mal te han hecho.
¡Pregue a Dios que no te opilen
pensamientos indigestos!
Callan lenguas y hablan ojos;
que a fe cuando sale el huego,
serrana, por las ventanas;
que no huelgan allá dentro.
¿Qué tienes, la mi querida?
Dímelo a mí, y apostemos
que te curo por ensalmo.

| María | Ay, Dominga, que me muero. |

| Dominga | ¿Hásete antojado algo? |

Que diz que en aquestos tiempos
hay doncellas con antojos.
¿Has comido barro o yeso?

| María | No, Dominga. |

| Dominga | ¿Dónde sientes |

el dolor?

| María | Aquí so el pecho |

más de dos mil aradores
el alma me están royendo.
Son, mi serrana, agridulces,
y entre pesar y contento,
causan lágrimas con risa;

hártanse de puro hambrientos.
Ven acá. ¿Qué es cosicosa,
que lo que adoro aborrezco,
lo que me pesa hallar busco,
lo que me abrasa es de yelo?
Sin querer, ando acechando
de ayer acá.

Dominga   Serán celos,
                  medio nieve y medio brasas,
                  calosfríos del enfermo.

María   ¿Celos se llama este mal?

Dominga   Sí, amiga.

María   ¿Y por qué no infiernos?

Dominga   Si allá hay frío con calor,
                  el nombre les viene a pelo.

María   Y este mal ¿tiénenle muchos?

Dominga   ¿Quién hay que se libre de ellos?
                  Más que flores el verano,
                  más que escarchas el invierno.
                  ¿Ves esas yedras y parras,
                  de esos alamos enredos?
                  Pues celosas de sus hojas,
                  tienen ya sus troncos secos.
                  Celos que del prado tiene,
                  hacen que aquel arroyuelo,
                  hechos labios sus cristales,
                  se coma aquel lirio a besos.

No hay criatura sin amor,
ni amor sin celos perfeto,
ni celos libres de engaños,
ni engaños sin fundamento.
El ave, la planta, el bruto,
cuanto hay padece tormentos
celosos, en fe de que ama.
Soldemente escapa el necio
de su daño, porque dicen
que es solo mal de discretos.
Hasta el cielo les hurtó
el nombre, si no el efeto.

María   Pues si ésos celos se llaman,
               mi Dominga, celos tengo.

Dominga   ¿Luego amor?

María   ¿Qué me sé yo?
               Mal me pagan, y bien quiero;
               sola, estoy acompañada,
               como poco, menos duermo.

Dominga   ¿Enamorada y celosa?
               ¡Buen guisado habemos hecho!
               Convida a la voluntad,
               que ése es su mejor sustento;
               mas carga poco la mano
               de celos, que son pimientos,
               y pocos le dan sabor;
               muchos echan a perderlo.
               Mas ¿qué va, que es esta dicha
               del polido forastero?

María	¡Ay prima! No me le nombres.
Dominga	¿Le aborreces?
María	Le aborrezco, pero es de puro adorarle.
Dominga	Pues ¿cómo puede ser eso?
María	Ámole por ser tan lindo, tan sabio y tan hechicero; y ahorrézcole, Dominga, por ver el mal que me ha hecho, porque ell alma me ha robado, porque me mata de celos.
Dominga	¿De celos? ¿Pues sabes tú que quiere bien?
María	A saberlo, Dominga, ahí fuera el diabro; mas si no lo sé, lo temo.
Dominga	Ya eres maesa de amar; mas pues descubres secretos, sábete que yo también...
María	¿Amas?
Dominga	Estó dada a perros.
María	¿Por quién?
Dominga	Por un bellacón,

que enamora por lo feo,
por lo socarron hechiza,
por lo gracioso me ha muerto.

María   ¿Y quién es?

Dominga   Es un Godiño,
que si no es Sol, por ser negro,
si cual dicen anda en carro,
puede ser su carretero.

(Sale don Álvaro.)

Álvaro   Preguntando yo a las flores,
adónde, serrana mía,
mi deseo te hallaría,
dijeron que en sus colores.
Tus cabellos robadores
la yerba del Sol pintaban;
azucenas retrataban
en tu frente su candor,
las niñas del niño Amor
flores al lirio robaban.
     Rosas fueron los pinceles
de tus mejillas hermosas;
mas no envidiaron sus rosas
de tus labios los claveles.
Como Amor era el Apeles,
supo en tu boca copiar
dientes y aliento de azahar,
pasándose satisfechos
los jazmines a tus pechos,
y envidiando yo el lugar.
     El todo de tu belleza,

las maravillas; de modo
que eres maravilla en todo
de nuestra naturaleza.
Realce su sutileza
el campo, sabio pintor,
de tanta agregada flor;
que pues en ti se ve junto,
serás siendo él tu trasunto,
ramillete del Amor.

María   ¡Que arrumaquero venís!
¡Qué de juncia derramáis!
¿Haciendo halagos llegáis?
¡Culpado, a la hé, os sentís!
En las flores que fingís
que en mí emplea el campo verde
os escondéis; mas recuerde
vuestro engaño mis temores;
que la culebra en las flores
vende rosas, cuando muerde.

Álvaro   ¿Culpado yo? ¿Pues por qué?

María   ¿Es poco haberme quitado
el sueño anoche, y llorado
hasta que me levanté?

Álvaro   ¿Llorado vos?

María   Sí, a la hé.

Álvaro   ¿Tanto mal la vista os hizo?

María   Mal y bien.

Álvaro	¡Ay bello hechizo!
María	Estáis en amar muy ducho,
	engañáis y sabéis mucho,
	Quisiéraos yo primerizo.
	Dejaréis en vuesa tierra
	la memoria y voluntá;
	traeréis las sobras acá
	para que a mi me hagan guerra.
	Pues también los de la sierra
	son personas, lisonjero.
Dominga	Coger aquel nido quiero;
	que en juegos se amor, ya es llano
	que se juega mano a mano
	mejor, que cuando hay tercero.

(Vase Dominga.)

María	¿Habéis tenido allá amor
	en vuestra tierra?
Álvaro	Tenía;
	mas viéndoos a vos, María,
	luego se olvidó.
María	¡Ay traidor!
Álvaro	Por la hermosura mayor,
	no es maravilla olvidar
	la menor.
María	Ni en mí el dudar

74

que quien se olvida y ausenta,
haciendo de su amor venta,
querrá comer y picar.

Álvaro   ¿Hay donaire, hay gracia, hay gusto,
que con esto se compare?
No haya más, mi bien; repare
mi buen crédito ese susto.
Si tiene mi amor más gusto
del que en tu hermosura veo,
si contigo el Sol no es feo,
mi esperanza y afición,
sin llegar a posesión,
se queden en el deseo.

María   En fin, ¿no la queréis bien?

Álvaro   Tú sola eres mi querida.

María   ¿Por mi vida?

Álvaro   Por tu vida.

María   ¿Y por la vuestra?

Álvaro   También.

María   ¿Era hermosa?

Álvaro   Los que ven
ese hechizo, aunque serrano
todo otro amor juzgan vano.

María   Pues jurad, si sentís eso,

	sobre esta cruz.
Álvaro	Juro y beso.

(Tómale la mano, y bésasela. Sale doña Beatriz.)

María	Sí, por besarme la mano.
Beatriz (Aparte.)	(Aquí dicen que quedaba.)
Álvaro	Marquesa...

Beatriz   Marquesa soy,
que a marcar agravios vengo,
en vez de marcos de amor.
Quien tan bien penas divierte,
y con tanta prevención
a enfermedades de ausencia
tan presto antídoto halló,
no morirá malogrado.
¡Qué cortesano que sois!
Besamanos dais cumplidos;
que hasta aquí pensaba yo
que se daban de palabra,
mas puestos por obra no;
si no es que le dais el pulso,
vos enfermo, ella dotor.
¡Bien pagáis obligaciones
de quien desprecia por vos
créditos, que ya fallidos
pone el vulgo en opinión!
Mas quien a palabras de hombre
deudas de fama empeñó,
cobre en crédito de injurias

desengaños de su amor.
No sin causa el rey don Juan...

Álvaro   Basta, Marquesa.

Beatriz   No soy
sino infierno de mis celos.

Álvaro   Basta; templad el rigor,
y admitid satisfacciones.

María   No hay que dar satisfacción
a quien en preitos ajenos
se mete. Aqueste garzón
ha de ser mi esposo.

Beatriz   ¿Cómo?

María   Comiendo.

Beatriz   Y matándoos yo.

María   ¿Matar? ¡Verá la sebosa!

Beatriz   ¡Oh rústica! Vive Dios,
que mis celos y tu vida
han de acabar juntos hoy.

(Saca doña Beatriz una daga, y Mari-Hernández se desciñe una honda y toma una piedra.)

María   Téngase ahuera, la digo.

Álvaro   ¡Estáis sin seso!

Beatriz	Sí estoy.
María	Yo tambien, pues tiro piedras.
Beatriz	Pasaréle el corazón.
María	Pues pasad y no me erréis; que si erráis, a fe de Dios, que al primer morro que os tire, no me habéis de esperar dos.

(Andan una tras otra y metiéndose en medio don Álvaro.)

Álvaro	María, marquesa, basta.
Beatriz	Quita de en medio, traidor.
María	Déjenmos a mí y a ella.
Álvaro	¿Hay mas ciega confusión?
Beatriz	Ya yo sé matar ingratos.
María	Ya yo sé, si vuelta doy al cáñamo, dar en tierra con el toro mas feroz.
Álvaro	Marquesa, serrana mía...
Beatriz	¿Mía, villano? Eso no.
María	¿No, sebosa? Aunque os repese.

(Sale Dominga.)

Dominga   María, padre y señor
           llama.

María   No hay padre que tenga.

Dominga   Que da voces.

María   Venid vos
           conmigo, e iré Vireno;
           porque en quedándoos, me estoy.

Álvaro   Id, serrana; que entre tanto
           que dais la vuelta, los dos
           averiguaremos pleitos,
           que en provecho vuestro son.

María   Dad al diablo esos provechos
           que no quiere más amor,
           para echar a un lado enojos,
           si que haya averiguación.

(Sale Otero.)

Otero   Nueso amo llama, María.

María   Mal llamado le dé Dios.

(Dentro.)

García   ¡María!

María   Sebosa, para esta.

¡Ay Dominga! ¡Muerta voy!

(Vanse María, Dominga y Otero.)

Beatriz   Estoy tan arrepentida
de los extremos que he hecho,
conde, cuanto satisfecho
vos de vuestra fe rompida.
Una injuria conocida
¿a quién no saca de sí?
Y más siendo frenesí
cualquier ímpetu de Amor.
Ya ha cesado su rigor
gloria a Dios, ya he vuelto en mí.
    Quien con tal facilidad
quiera quien ama, la ley,
mal probara que a su rey
no ha quebrado la lealtad.
La duda de esta verdad
tan a mi costa ha salido
que estado y honor perdido
vienen a cobrar mis daños
a plazos de desengaños,
deudas de Amor en olvido.
    Pero, pues así sucede,
restaurará su caudal
el alma; que no es gran mal
el que remediar se puede.
Aquí sepultada quede
mi memoria desdichada
en vos tan mal empleada
porque después se mejore.
No os espante que la llore
pues muere, en fin, malograda.

Álvaro

Sintiera ser su homicida,
si escondido no supiera
que cuando para mí muera,
para el rey la daréis vida.
Memoria tan prevenida,
que a costa de su firmeza,
quiere a un conde en la corteza,
y ama a un rey en lo interior,
siendo de dos este amor,
no es razón que os dé tristeza.
¿Por qué llamáis malograda
la memoria y voluntad
de un cuerpo con libertad
que encierra un alma casada?
Si está en un rey empleada,
no culpéis mis escarmientos;
no desechéis fundamentos
de quien puede conservar
el cuerpo libre, y gozar
casados los pensamientos.

Beatriz

De culpas que me argüís,
conde, excusas no esperéis;
que bien sé que lo entendéis
al revés que lo sentís.
Cauteloso os prevenís;
que ya yo sé que es traición
de tan sutil discreción,
que cuando Amor deudas forma,
cartas de pago trasforma
en cartas de obligación.
Negad, puesto que discreto,
desleal la que os obliga;

y de vuestras quejas diga
la causa, conde, este efeto.
Por guardar al rey respeto,
y engañar vuestro enemigo,
fingiendo amarle, le obligo.
¡Ved cuán recto juez hacéis,
pues por gracias que debéis,
me dais sin culpa el castigo!
    Que para que sea mayor
de mí, si en esto os agrado,
restituida en mi estado,
haré pechero mi amor.
A vuestro competidor
daré, aunque muera, la mano,
pues la gracia del rey gano;
y vos con igual mujer,
villano en el proceder,
seréis del todo villano.

Álvaro   Marquesa, Beatriz, mi bien,
celos necios e impacientes
fiscales impertinentes
de Amor, disculpa me den.
Llámanse Argos, y no ven;
son necios por presumidos
y dividiendo sentidos,
por dar a su dueño enojos,
viendo al amor en los ojos,
viven siempre en los oídos.
    Oí lo que, a no ser loco,
diera paz a mis desvelos;
que son lógicos los celos,
mi bien, y discurren poco.
Sus pareceres revoco;

castiga tú mi impaciencia
y si das a la prudencia
más lugar que a la venganza,
disculpen esta mudanza
celos, ocasión y ausencia.

Beatriz   ¿Paréceos a vos bastante
ese descargo?

Álvaro   Mi bien,
perdón tus brazos me den,
y no pases adelante.
Si no basta el ser tu amante,
daga tienes homicida.
Sácame el alma rendida.

Beatriz   Será, ingrato, porque así,
si tu alma vive en mí,
me dé a mí misma la herida.
   Mucho tiene de rapaz
Amor. ¡Qué presto se enoja!
¡Qué presto que el arco arroja
ya de guerra, ya de paz!
No eres de perdón capaz;
pero ¿cuándo le negó
quien tierno y constante amó
pues cuando lo dilataras,
y a pedirle no llegaras,
era fuerza el llegar yo?

(Salen el Conde, Garci-Hernández y acompañamiento.)

Conde   No he tenido yo, García,
mayor entretenimiento

después que la caza curso.

García   ¡Valiente defensa ha hecho
el oso!

Conde   ¡Oh marquesa ilustre!
La vuelta a Monterrey demos,
porque la condesa goce
brazos de huésped tan bello.

Beatriz   Otro, gran conde, tenéis,
que ocasiona mi destierro,
y a vuestra sombra se ampara.

Conde   ¡Don Álvaro! ¿Qué es aquesto?

Álvaro   Disfraces de la lealtad,
que traidores persiguieron,
y en vuestro valor confían.

Conde   Infinito debo al cielo,
pues me ocasiona a serviros.
García, vuestro vaquero
fue don Álvaro Ataíde.

García   Gran señor, los pies os beso.
¿Hay suceso semejante?

(Salen Mari-Hernández, Dominga, y Caldeira.)

María   En fin, Dominga, Vireno
y la portuguesa... Aguarda.

Conde   Mi rey Fernando y el vuestro

quieren perpetuar paces,
y espero de sus conciertos,
conde, vuestra libertad.

(Caldeira habla aparte con su amo.)

Caldeira   ¿Luego ya te conocieron?

Álvaro   Sí, Caldeira. A ser dichoso
                  desde este punto comienzo,
                  pues está Beatriz, conmigo.

Conde   Vamos, señores, que quiero
                  dar a mi estado un buen día.

(A Mari-Hernández.)

Álvaro   De la voluntad que os debo,
                  y es imposible pagaros,
                  servirá de desempeño,
                  serrana, aquesta sortija.

María   Si es señal de matrimonio
                  y conmigo heis de casaros,
                  espetádmela en el dedo.

Álvaro   Yo, María, soy el conde
                  de Silveira, y es mi dueño
                  Beatriz, marquesa de Chaves.

María   Pues echadla con mal huego.

Álvaro   Adiós, graciosa serrana.

María	¿Y qué? ¿Sois conde, de vero?
Álvaro	Y la marquesa mi esposa.
María	¡Ay padre! Desmayos tengo.

(Aparte con Dominga.)

Caldeira	Dominga, adiós; que me acojo.
Dominga	¿Te vas? ¿Cuándo nos veremos?
Caldeira	Los domingos, si es que gustas ser mi sayo dominguero.
Dominga	¿Pescudaré por Godiño?
Caldeira	Caldeira por nombre tengo.
Dominga	Seguiréte, porque vaya la soga tras el caldeiro.

(Vanse todos, menos Mari-Hernández.)

María	¡Cielos! ¡Que es Vireno conde! ¡Que tiene esposa Vireno, y llevándose allá ell alma, a oscuras me deja el cuerpo! ¡Aquí de Dios y del reye! ¿Él casado y yo en tormento? ¿Ella alegre, yo llorando? ¿Los dos vivos, yo muriendo? No lo sufrirá mi injuria; no lo admitirán mis celos.

Donde hay agravio, hay venganza;
donde hay amor, hay ingenio.
Uno y otro han de mostrar
como castiga desprecios
la gallega Mari-Hernández.
¡Ay portugués feiticeiro!

Fin de la segunda jornada

Jornada tercera

(Salen el Rey y soldados portugueses. Tocan dentro cajas.)

Rey
      Cuando se tratan paces con Castilla,
      ¿tiene el de Monterrey atrevimiento
      de amparar forajidos en su villa,
      sin reparar mi justo sentimiento,
      a la marquesa y conde, que a mi silla
      aspiraban, y fueron fundamento
      de justos, aunque trágicos castigos?
      ¿El Conde a mis mayores enemigos?
       Cesen las paces pues; vuelva la guerra.
      Experimente el conde indignaciones
      de un rey airado. Poblaré su tierra
      segunda vez de armados escuadrones.
      Cercaré a Monterrey que los encierra;
      y si es traición favorecer traiciones,
      a imitación de Troya al destruilla,
      mañana será llamas, si hoy es villa.

Soldado I
      La justa indignación, señor, que alegas
      a la venganza solicita manos.
      Limia es el valle donde armado llegas,
      y faldas de esas sierras estos llanos.
      A asegurar el paso fue don Egas;
      que aunque sus moradores son villanos,
      ánimo sus fronteras les han puesto.

Rey
      Vencerálos don Egas... mas ¿qué es esto!

(Sale Mari-Hernández que sale con un mallo peleando con don Egas, y algunos soldados portugueses con broqueles.)

Soldado II	Rayo o mujer ¿qué nos quieres? ¿Hay valor mas prodigioso?
María	No me ha de quedar seboso a vida.
Rey	¡Tales mujeres tiene Galicia, Silveira! Dejadla. No le hagáis mal.

María	¡Qué! ¿Cuidaba Portugal
	que era sola su forneira?
	  Pues a fe de Dios, si torno
	a enojarme, aunque aquí os hallo,
	que estimedes más mi mallo
	que la pala de su forno.
	  Con éste al segar las mieses,
	limpia el trigo nuesa tierra,
	y las fembras de la sierra
	despachurran portugueses.
	  No huyáis si queréis proballo.
	Aguarde el que no lo crey.

Soldado I	Detente, que está aquí el rey.
María	¿El rey? Pues arrojo el mallo.
Rey	¿Con portugueses, serrana, tal furia?
María	De un tiempo acá, si va a decir la verdá, los mato de buena gala.

Rey	¿Por qué?
María	Un portugués mancebo
	se hizo en mi casa mandón,
	y en gozando la ocasión,
	se deshizo como sebo.
	Pero venga acá. ¿No es él
	el rey?
Rey	Sí.
María	¿Y hará justicia
	de un portugues que a Galicia
	vino, diz que huyendo de él,
	y entrando que parecía
	la gata de Mari-Ramos,
	robó la hacienda a sus amos,
	y el corazón a María?
Rey	¿Llamáisos vos así?
María	¡Y cómo!
	Nunca yo en Limia le viera.
	Entró blando como cera,
	salió duro como plomo.
	¿Conoce él a un don Alváro,
	y a cierta doña Beatriz,
	pintada como perdiz,
	que pidiéndomos amparo,
	almas y caballos pica
	con celos y con espuelas?
Rey	Sus alevosas cautelas
	mi enojo te certifica.

Por su causa hago esta guerra
al conde de Monterrey.

María   No guarda el ingrato ley.
Mala gente hay en su tierra.
   Hechizóme a lo serrano;
burlóme a lo portugués;
huése a Monterrey después.
Tarde lloro; creí temprano.
   ¡Ay! ¡Qué le contara yo
si no tuviera vergüenza!
Mire, ya que amor comienza
a informarle. Anocheció,
   y yo despierta, a cierra ojos,
y entre dos luces dormida,
el alma en el embebida,
la voluntad con antojos,
   y a oscuras el aposento,
pisando huevos entró;
y entonces... ¿Qué me sé yo?
¡Ay Dios! ¿Cómo se lo cuento?
   Tanto supo acariciar,
tanto vino a prometer...
Era hombre, en fin, yo mujer;
en algo había de parar.
   No resiste quien desea;
y como me mostró amor,
llegó... y pregue a Dios, señor.

Rey   ¿En fin...?

María   Que orégano sea.
   Mas esto fue con promesa
que había de ser mi marido.

92

Hase el traidor acogido
con la Beatriz portuguesa;
 y hanme dicho que los dos,
según el amor se enseñan,
dentro un mes se matrimeñan.
¡Que mala pro les dé Dios!

Rey   No harán mientras yo viviere;
ni permitirán los cielos
tu menosprecio y mis celos.

María   Mire, si él cogerlos quiere,
 y me promete casar
con él sin hacerle daño.
La mujer todo es engaño,
y más cuando viene a amar.
 Yo sabré, si a Monterrey
voy, herle que huera salga;
de los ardides se valga,
que en la guerra diz que es ley.
 Haga que aguarde en secreto
a la puerta alguna gente;
prenderále de repente
a la noche; y en efeto,
 antes de ir a Portugal,
hará que mi dueño sea;
que aunque me dejó, no crea
que ell hombre me quiera mal.

Rey   Si eso, donosa María,
cumpliésedes vos, mis celos
darán fin a mis desvelos.
Buscaba yo alguna espía,
 que yendo allá me avisase

la defensa de esa villa,
porque para combatilla
diligente me industriase;
   pero si están sobre aviso,
¿cómo podréis entrar vos,
y salir?

María   ¡Válgame Dios!
Nunca halló estorbo quien quiso.

Rey   Muestras de vuestro valor
acabo ahora de ver.
¿Qué no intenta una mujer,
que tiene celos y amor?
   Cumplid como prornetéis;
que si de Monterrey sale,
mi fe os doy...

María   ¿Perdonaréle?

Rey   Como el amor estorbéis,
   con que han hecho resistencia
a mi voluntad los dos,
siendo esposa suya vos,
no dudéis de mi clemencia.

María   Es caballero, y dirá
que no soy yo caballera.

Rey   Aunque mi sangre tuviera,
el rey calidades da.
   Noble y marquesa os haré,
antes de ir a Portugal.

María	¿Jure?
Rey	Mi palabra real es la mas segura fe.
María	¿Y la gente?
Rey	Yo en persona, en secreto, he de aguardarle.
María	¡Mal año! Querrá matarle.
Rey	Mi fe y palabra me abona.
María	Mire que no ha de herle mal.
Rey	No haré.
María	Ni a la portuguosa.
Rey	No goce él a la marquesa, y pídeme a Portugal.

(Vanse todos. Salen el Conde, don Álvaro y un Criado.)

Conde   Aplacaráse el furor
con que el rey portugués viene
y conocerá que tiene
en mí un grande servidor.
    No es mal trato el amparar
amigos que de traidores
huyen y piden favores,
pudiéndoselo yo dar,
    pues aun no están concluidas

con nuestros reyes las paces
que se tratan.

Álvaro   Satisfaces
con tu valor a dos vidas
   que solo estriban en ti;
pero si por mi ocasión
de mi rey la indignación
tu estado destruye así,
   mejor será retirarme
a Castilla, y dar lugar
al tiempo.

Conde   Con amparar
vuestra vida ha de ilustrarme.
   Orden de mis reyes tengo,
mientras que se ven los dos,
de que a la Marquesa y vos
os tenga aquí. Ya prevengo
   modo con que al rey don Juan
desengañe, y si os persigue,
clemente el furor mitigue.

(Al Criado.)   ¿Cuántas leguas estarán
   de aquí?

Criado I   En Limia han hecho alto,
y a la vista de Portela,
nuestra montaña recela
que o la sitie o la de asalto.

Conde   ¿Trae mucha gente?

Criado I   Serán
diez mil, cada cual Viriato

96

portugués.

Conde
　　　　　Si no es por trato,
no teme del rey don Juan
　mi Portela sitio largo,
aunque su poder la cerque.
A nuestra villa se acerque;
que de aplacarle me encargo.

(Sale otro Criado.)

Criado II
Cierto fidalgo que pasa
a Santiago, esta aquí.

Conde
¿De Galicia?

Criado II
　　　　Señor, sí,
y deudo de vuestra casa.
　No prosigue su camino,
receloso de esta guerra,
y así en Monterrey se encierra.

Conde
Entre el deudo, ya que vino.

(Vanse los criados. Sale María, de gallego honrado, y Dominga.)

María
　　　　Déime a besar os pes,
señor, vossa señoría,
porque muito dezejaba
conocer a rama antega
do tronco de quem descendo.

Conde
Álcese, hidalgo, que estima
nuestra casa a los parientes.

¿De dónde es?

María
Meu pai dicía
ser fidalgo de Betanzos;
casouse con a mai miña,
hidalga de Calabazos.
Depois os dous se aveciñan,
pertiño de Santïago,
em huma feligresía
que tem por nome Morrazos,
donde víndose parida,
me pus o nome que teño.

Conde
¿Y es su nombre?

María
Juan García
de Morrazos.

Conde
¡Blasón nuevo!
Yo hasta ahora no sabía
tener parientes Morrazos.

María
¿Pois non basta que eu o diga?

Conde
Sí; mas con todo esto quiero
informarme por qué línea
emparentamos los dos.

María
Teña maon sua señoría.
O meu pai foi cociñeiro
de vosso pai muitos días,
porque de nossa nobreza
Foi o solar sua cociña.
Sendo cociñeiro, pois,

98

e probando a comida
que guisaba, craro está
que o mesmo manjar comía
o meu que o vosso pai.
Isto ¿he verdade?

Conde   Prosiga;
que es su humor más sazonado
que los manjares que guisa.

María   Das comidas, ¿non se faz
o sangue con que se crían
os corpos?

Conde   ¿Quién duda de eso?

María   Pois si a comer ambos viñan
día e noite d'hum manjar,
craro está que ambos dois tiñan
Hum sangue mismo em dols corpos.
Sendo ansí, bem se averigua
que dccendernos d'hum sangue
eu e vossa señoría
e que sendo seu parente,
me ha de facer cortesía.

Conde   No puedo negar el deudo;
que es la prueba peregrina
bastante a ejecutoriarse
en cualquier chancillería.

(Aparte con don Álvaro.)

¿Qué juzgáis, conde, de aquesto?

Álvaro

Que ocasionando la risa,
viene un cocinero a ser
el mas noble de Castilla.

Conde

Pues bien, ¿qué es lo que ahora quiere
en mi casa el buen García
de Morrazos?

María

Os parentes
facéndosos em Galicia,
a escudeiros do seu sangue,
cuando son pobres se obrigan
de mante-los em seu honor,
e sustentar sua familia.

Conde

¿Luego quiere estar conmigo?

María

Queiro.

Conde

Pues desde este día
le asigno gajes.

María

Os pes
me dai, non porque vos sirva
—que non sirven os Morrazos—
mais porque desde hoje viva
a vossa custa em descanso.

(Aparte con don Álvaro.)

Conde

A la infanta de Castilla
pienso, conde, presentarle.

Álvaro	Su donaire es tal, que cifra en sí todos los gracejos. ¡Donoso humor!
Conde	Pieza es rica.

(Sale un Criado.)

Criado I	Con cartas, señor, del rey llega a este punto Padilla de la corte.
Conde (Vase el Criado.)	Voy a verlas; que no dudo de que escriban por vos y por la marquesa a vuestro rey.
Álvaro	Si apadrinan sus favores mis desgracias, resucitarán mis dichas, siendo vos mi protector.

(A María.)

Conde	Esperadme aquí.

(Vanse el Conde y don Álvaro.)

Dominga	María, ¿en qué dibujos me metes?
María	Hoy tienes de ver, Dominga, milagros de amor y celos.

Dominga	¡Pregue al cielo!
María	Calla y mira.
Dominga	¿No es pecado levantar testimonios y mentiras a don Álvaro?
María	¿Yo en qué?
Dominga	En que al rey don Juan le digas que te gozó.
María	La mujer que de un hombre fue querida, ya es gozada en el deseo, y la afrenta si la olvida.
Dominga	¿Y piensas sacarle al campo?
María	Mis celos le desafían.
Dominga	¿Y si el rey don Juan le mata?
María	Su palabra real es firma de resguardo.
Dominga	¡Pregue a Dios! Al mi Caldeira querría ver, y engañarle también; que estó en su ausencia perdida. Pero hétele donde viene con el tu Conde. En su vista se me emboba toda ell alma,

que aunque socarrón, hechiza.

(Salen don Álvaro y Caldeira, leyendo.)

Álvaro   «Esta noche, en fin, quisiera
                    veros; que os tengo que hablar
                    muchas cosas...»

Caldeira   «Si a casar...»

(Habla.)   ¡Oh! ¿Carta casamentera?
                       ¡Mal año! Nones me llamo.

(Lee.)   «...te determinas conmigo...»

Álvaro   «que amor, constante testigo...»

Caldeira   «...haré que hablen a tu amo...»

(A Caldeira.)

Álvaro   ¿Qué es eso?

Caldeira   Nos empapelan.
                    Si la marquesa te escribe
                    después que encerrada vive,
                    también por mí se desvelan
                       damas fregonas.

Álvaro   ¿Por ti?

Caldeira   Hechiza mi parecer.

Álvaro   Anda, salte allá a leer.

Caldeira	Bien acierto a leer aquí.

(Leen ambos.)

Álvaro	«...que amor, constante testigo, y tan poco firme en vos...»
Caldeira	«Casarémonos los dos, si a tu señor se lo digo.»
Álvaro	«...teme segundos desprecios.»
Caldeira	«Mondonga soy de palacio...»

(A Caldeira.)

Álvaro	¡Hola!
Caldeira	«Míralo despacio...»
Álvaro	¡Ah necio!
Caldeira	«..que hay condes necios.»
Álvaro	Enviaréte noramala...
Caldeira	«Para ti, señor, he hallado favor en casa...»
Álvaro	Él ha dado en bufón. Sal de la sala, majadero...

Caldeira	«Sois, amigo...»

(A su amo.)	¿No lees tú? También yo leo.

Álvaro	Si me enojo...

Caldeira	«...que aunque feo
	rabio por casar contigo.»

(A su amo.)	Ya yo acabé mi paulina;
	la tuya puedes leer
	si es paulina la mujer
	que casarse determina,
	aunque no se llame Paula.

Álvaro	A no mirar que eres loco,
	te hubiera...

Caldeira	No lo soy poco,
	aunque no estoy en la jaula;
	mas ¿qué seré si me caso?
	¿Archiorate? ¿Protonuncio?
	¡Malos años! Abernuncio.
	Lee; no hagas de mí caso.

(Lee.)

Álvaro	«Teme segundos desprecios;
	que aunque ausente de la sierra,
	su memoria os hará guerra,
	los celos pecan de necios.
	Olvidad vos sus serranas,
	y aseguradme despacio
	esta noche, que en palacio

105

hay terreros y hay ventanas.»

(Habla.)   No quiere Beatriz perder
los privilegios de dama.
A que la ronde me llama;
su galán tengo de ser,
    mientras no fuere su esposo.
Preverme capa y rodela.

Caldeira   La mondonga me desvela.
Acompañarte es forzoso;
    que aunque a la Dominga mía
rendir el alma propongo,
el sábado es de mondongo,
y el domingo es otro día.
    Con la mondonga, me avisa
el sábado mondongar,
y con Dominga, mudar
cada domingo camisa.

(Vanse don Álvaro y Caldeira. Salen Mari-Hernández y Dominga.)

María   Dominga, ¿qué dices de esto?

Dominga   ¿Qué diabros quieres que diga?
¡Ay guillote! ¿Ansí os obriga
el amor que en vos he puesto?
    Pues para ésta, farfullero,
que yo me sepa vengar.

María   ¡Que esta noche se han de hablar
a las rejas del terrero!
    Pues esta noche también,
cuando estéis más descuidado,

mi amor, de vos olvidado,
vengarse de entrambos tien.
    Yo le daré entrada al rey,
si, como dice, me espera
a la puerta.

(Sale el Conde.)

Conde   Razón fuera,
          pues estáis en Monterrey,
            García, haber visitado
          a la condesa.

María   He verdade
          faré-lo de boa vontade.
          Non fincaba desmembrado;
            mais visitar as mulleres
          sem lisenza dos maridos,
          dam celeiras e molidos.
          non sei derramar praceres,
            nem veño a dar embarazos
          mas pois me mandáis ansí,
          decede-la que está aquí
          Joan García dos Morrazos.

(Vase Mari-Hernández.)

Conde   ¿Sois vos también del lugar
          de vuestro amo?

Dominga   Y su vecino.

Conde   ¿Y sabéis a lo que vino?

Dominga	Creo que se viene a casar.
Conde	¿Aquí?
Dominga	¿Pues dónde?
Conde	¿Con quién?
Dominga	Sélo; mas para callarlo.
Conde	¿Cómo os llamáis?
Dominga	Gil Carvallo.
Conde	Hombre parecéis de bien.
Dominga	Por su virtú.
Conde	¿Los zapatos a la cintura colgáis, y descalzo camináis?
Dominga	No valen allá baratos. Dime ayer un tropezón, que aunque un dedo me quebré, por ir ansí me ahorré un cuartillo de un tacón.
Conde	¡Extraño modo de ahorro!
Dominga	Allá cuando caminamos, a la cinta los llevamos; porque, aunque descalzo, corro por los tojos, que dirán

que soy un gamo, o caballo.

Conde   ¿Y qué lleváis, Carballo,
                en ese palo?

Dominga   Es el pan,
                      y aquéesta es la calabaza.

Conde   ¿Pan tan grande?

Dominga   Es de centeno,
                y en Galicia, aunque moreno,
                más alivia que embaraza.

Conde   A medida de su humor
                vuestro amo os supo escoger;
                la condesa os ha de ver
                también a vos.

Dominga   No, señor.

Conde   Venid.

Dominga   Deje que me ponga
                los zapatos.

Conde   Bien estáis.

(Aparte al retirarse Dominga.)

Dominga (Aparte.)   (¡Traidor! yo haré que escupáis
                las tripas con la mondonga.)

(Vanse. Salen don Egas, Vasco y un Soldado.)

Egas
      Media legua de aquí a emboscarse viene
aquesta noche el rey, por si le engaña
la animosa serrana, donde tiene
mil hombres, cada cual blason de España.
Que asalten el descuido les previene
del castellano conde que acompaña
y defiende a don Álvaro Ataíde,
y a la marquesa que mi dicha impide.
      Envíame a que aguarde la promesa
que la valiente rústica le ha hecho,
y prenda al conde. ¡Venturosa empresa
si llega a ejecución! Pero sospecho
que arrepentida, como amor profesa,
quien le entregó las llaves de su pecho,
le habrá dicho la traza prevenida,
saliendo en nuestro daño esta venida.
      Y cuando tenga efeto, y le prendamos,
si el rey, como ha ofrecido, le perdona,
restituyendo al conde, ¿qué esperamos
los dos, traidores a su real corona?

Vasco
Mejor será, si en Monterrey entramos,
ya que el cielo de estrellas se corona,
dar la muerte a don Álvaro, y con esto,
evitar el peligro en que te ha puesto.

Egas
    ¿Cómo habemos de entrar?

Vasco
                 Yo sé por donde.
Como el cueducto quiebres de una fuente,
que en la villa a la plaza corresponde
puedas salir y entrar seguramente.

110

Egas	Ejecutarlo pues; que muerto el conde,
	no queda en Portugal quien darme intente,
	temor ni contradiga mi privanza,
	feliz mil veces, si a Beatriz alcanza.

(Vanse don Egas y Vasco. Sale doña Beatriz, a una ventana.)

Beatriz	¡Qué caro, rapaz, avaro,
	Vendes los gustos que das!
	Mas por esto valen más;
	que, en fin, lo barato es caro.
	Si el que debajo tu amparo,
	cuando en tu esfera se abrasa,
	más trabajos por ti pasa,
	más contigo, Amor, privó.
	Ya somos el conde y yo
	los mayores de tu casa.

(Salen don Álvaro y Caldeira, como de noche.)

Caldeira	Mejor fuera dar dos sorbos
	con los ojos, castañetas
	del sueño, que rondar daifas.

Álvaro	Gusta de esto la marquesa.
	No se asegura de mí,
	después que tiene sospechas
	de la serrana de Limia,
	y vengo a satisfacerla.

Caldeira	Vaya con Dios, si es su gusto.

Álvaro	Tira una china a esas rejas.

Caldeira	Allá va una china calva, que si en la corte estuviera, ya se hubiera puesto moño, o adoptiva cabellera.
Álvaro	¿Es mi Beatriz?
Beatriz	¿Es el conde?
Álvaro	Yo soy; que a vuestra obediencia el resistir es delito.
Caldeira (Aparte.)	(Si mi mondonga quisiera asomarse a este albañal, pues sin salir de su esfera, sale por los albañales lo que los mondongos echan, comiéramos hoy grosura.)

(Recuéstase Caldeira en una pared. Salen Mari-Hernández y Dominga, como de noche. Habla aparte con Dominga.)

María	Tras sí mis celos me llevan. Déjame escuchar, Dominga, sus regalos y ternezas; que los celos siempre nacen sin ojos y sin orejas.
Dominga	Quien escucha, su mal oye.
María	Es la verdad, mas recela. Ignorando lo que sabe, busca lo que no desea. Pero escucha; que ya están

112

los dos hablando.

Dominga   Pues llega;
que yo seré tu lacaya.
Plega a Dios que no me duerma.

Caldeira (Aparte.)   (Gigantes vienen a pares,
y me dicen que esta tierra
es tan fértil en dar brujas,
como nabos. Dios me tenga
de su mano, o de su pie.)

Beatriz   Dudo de vuestra firmeza,
conde, y pienso que os entibian
memorias, que siendo ajenas,
os tiranizau las propias.

Álvaro   No ofendáis, mi bien, las vuestras
pues sabéis que solo estriban
mis esperanzas en ellas.

Beatriz   Acuérdome yo que un tiempo
desvelaba vuestras penas
ofreciéndome constante
un alma, entonces entera,
y ahora partida en dos.

Álvaro   ¿Pues hay, Beatriz, quién merezca
entrar con vos a la parte?

Beatriz   Y aun no poco feliz fuera
si ya que la dividís,
siendo dueño de la media,
no me la usurparan toda

113

los donaires de la sierra.

Álvaro   No fue amor, venganza sí
de imaginadas ofensas,
la que pudo divertirme,
mi bien, de vuestra belleza.
Amor es conformidad
de dos voluntades tiernas;
y mal podrán conformarse
rusticidad y nobleza.
Gustos en vos empleados,
alma amante en vuestra escuela,
deseos nobles por vos,
esperanza en vos perfeta.
¿Os persuadís vos, señora,
que salir jamás pudiera
de suerte desazonada,
que serranas apetezca?
Si desde el punto que os vi,
eternizando finezas
y huyendo violencias reales,
satisfacer mis sospechas,
no la he borrado del alma.
Si más me he acordado de ella,
si no os adoro, en los brazos
de quien aborrezco os vea.

(Hablan aparte Mari-Hernández y Dominga.)

María   ¡Qué esto escuche una mujer,
y pueda tener paciencia
para no morir matando!
¡Ah celos! Soltad la rienda
a venganzas y suspiros.

114

¡Ah enemiga! ¡Quién tuviera
alas con cuyo favor
pudiera volar!

Dominga   ¿Pateas?

María   Estoy tan llena de celos,
que hasta las plantas me llegan.
¡Vive el cielo, conde ingrato...!

Dominga   Esto va de espacio. Piedras,
a vuestro arrimo me amparo;
cama dé vuestra paciencia.

(Va a recostarse y tropieza en Caldeira.)

¿Que es esto? En blando topé.

Caldeira   Demonio es, pues que me tienta,
si hay demonios rondadores.

Dominga (Aparte.)   (Éste debe ser Caldeira,
Que aguardaba a su mondongo.
Vengaráse mi celera
de la suerte que pudiere,
sin hablarle. No nos sientan
los que nos tienen aquí.)

Caldeira   ¡Yo me aparto, y él se acerca!

Dominga   (Aqueste alfiler de a blanca
le meto hasta la cabeza.)

Caldeira   ¡Ay!

Álvaro	¿Qué es esto?
Caldeira	Mataduras de una bruja sin espuelas, pues me pica sin jugar.
Álvaro	Anda, borracho, que sueñas.
Caldeira	Tales sueños te dé Dios.
Álvaro	¿De qué sirve, mi marquesa, gastar el tiempo en pesares, que sin provecho atormentan? Vos habéis de ser mi esposa; confiad en las promesas del conde de Monterrey, en mi lealtad e inocencia, en los reyes de Castilla que al nuestro escriben y ruegan por nuestra restitucián, y ya sus paces conciertan. Espero en Dios que cansada la Fortuna, y dando vuelta el tiempo, hasta aquí enemigo, siendo vos mi esposa bella, nos tienen de dar los cielos, al paso que las tormentas, las bonanzas, a pesar de traiciones y soberbias. Si engañado de mis celos, procuraba en vuestra ausencia divertir memorias tristes en serranas rustiquezas,

ya olvidado, arrepentido.
Solo, si me acuerdo de ella,
es para que amándoos más,
mis locuras reprehenda.
¿Cómo os puede a vos dar celos
una pastora grosera,
ignorante en facultades
de amor, que estima agudezas?
¿Qué hermosura ha de tener
una tosca montañesa
que adornan sayales pobres
y soles y aires afeitan?
¿Tan mal gusto tengo yo
que permita competencias
de una villana, vos noble
de una simple, vos discreta?

(Mari-Hernández se pone delante de don Álvaro.)

María   ¡Mentís!

Álvaro   ¿Qué es esto?

María   Mentís,
mal hablado; que en ausencia
de mujeres que engañastes,
no es bien hecho hablar mal de ellas
vos sí que el villano sois,
pues que por no pagar deudas
de quien de esposa os dio mano,
ponéis en su honor la lengua.

Beatriz   ¿Mano de esposa? ¡Ay de mí!
¿Qué es esto, conde? ¡Ay certezas

117

de injurias y desengaños!

(Sale un Criado, dentro del palacio.)

Criado I   Señora, nuestra condesa
                  os llama.

Beatriz   ¿Mano de esposa?
                  ¡Cielos!

Criado I   Mirad que os espera.

Álvaro   Hombre bárbaro, ¿qué dices?
                  ¡Beatriz! ¡Mi bien! ¡Ah, marquesa!

Beatriz   A averiguaciones tales,
                  ¿qué hay que esperar? A sospechas,
                  ya en verdades convertidas,
                  a comprobadas ofensas,
                  no hay remedio sino olvidos.
                  Aquí, ingrato conde, tengan
                  fin de empleos mal pagados,
                  villanas correspondencias.
                  Cerca el rey don Juan está,
                  y mi venganza tan cerca
                  que si te quita la vida,
                  daré la mano a don Egas.

(Retírase de la ventana.)

Álvaro   Oye, señora, mi bien...
(A Mari-Hernández.) Bárbaro, que a eclipsar llegas
                  Con nublados de mentiras
                  la luz que mi alma espera,

¿quién eres? ¿A qué veniste?
¿Qué furia infernal intenta,
para que me desespere,
incorporarse en tu lengua?

Caldeira   Enjambres andan de brujas,
que si no chupan, enredan.
Unas pican, y otras mienten.

(A Dominga que le acosa a alfilerazos.)

¡Ay pulga o chinche gallega!
¿De qué sirve taladrarme
las chatas circunferencias?
¡Ay! Juega limpio, picona.
¡Válgate el diablo por tierra!
¡Bercebú, que pare aquí!
¡Bruja tábana, está queda!
¡Vive Dios que me acribilla!
¡Ay! Una anca llevo abierta.

(Huye, y Dominga le va siguiendo.)

Álvaro   ¿Quién eres, hombre engañoso?

María   Quien sacándote la lengua,
piensa hacer a su venganza
hoy un convite con ella.
Yo soy quien como a su vida,
antes que a Limia vinieras,
amorosa regalaba
Mari-Hernández la gallega.
Olvidóme por quererte;
Mas ¿qué mucho, si a sí mesma

119

olvidó, por darte el alma,
que mudable menosprecias?
A darte la muerte vine,
guiado de mis ofensas,
movido de tus traiciones,
y ciego de mis sospechas.
Pero escuchando que injurias
a quien celebrar debieras
por amorosa, por firme,
ya, traidor, que no por bella,
olvidando mis agravios,
quiere la razón que vuelva
por los suyos, y que así
estime más mi firmeza.
Tu patria traidor te llama,
tus engaños lo comprueban,
tu rey airado te busca,
y a quien te dé muerte premia.
A todos eres odioso.
¿Quién duda que me agradezcan
todos juntos su venganza,
cuando tantos la desean?
Saca la espada cobarde,
si ya no tiene vergüenza,
ofendida como todos,
de salir a tu defensa.

Álvaro   ¡Oh bárbaro descortés!
Vive Dios, que antes que pueda
ver mis agravios el Sol,
tu muerte he de hacer que vea.

(Desnudan ambos las espadas. Salen don Egas y Vasco, hablando recata-
damente en el fondo.)

Egas	Éste, Vasco, es el palacio
	del conde, y éstas las cercas
	que le defienden y adornan.
	Para que ejecución tenga
	mi venganza, es necesario
	saber si el conde está fuera,
	o la parte donde habita.
	Aguardemos. Mas espera;
	que aquí parece que hay gente.
Vasco	Pues informémonos de ella
	de don Álvaro; que importa
	matarle antes que amanezca.
María	Mal, Álvaro ingrato y fácil,
	sabes el valor y fuerza
	de celos y agravios.

(Riñen Mari-Hernández y don Álvaro.)

Egas	Vasco,
	su amparo el cielo nos muestra.
	Éste es mi enemigo.
Vasco	Ponte
	al lado de quien desea
	darle muerte; y todos tres
	tu venganza haremos cierta.

(Empuñan don Egas y Vasco.)

Egas	Hidalgo, a daros ayuda
	nos obliga la destreza

	de vuestro brazo, y las culpas del traidor que os hace ofensa.
María	¿Traidor? Villanos, mentís; que ese nombre no hay quien pueda dársele, si quien le adora y agravios de su amor venga. Quien dice injurias amando, más se enamora con ellas. Yo se las puedo decir, no vosotros. ¡Conde, mueran!

(Pásase al lado de don Álvaro, y hiere a don Egas.)

Egas	Fenecieron mis traiciones y mi vida a un tiempo. ¡Ay ciega Fortuna!

(Vase don Egas retirándose herido. Mari-Hernández le sigue.)

Vasco (Aparte.)	(¡Los pies me amparen!)

(Vase Vasco. Habla dentro Mari-Hernández.)

María	¿Quién eres?
Egas	Yo soy don Egas. Llévenme donde declare traiciones, que ya confiesa entre mis labios el alma.
Álvaro	¿Hay confusiones como éstas? El mismo que a darme muerte viene, defenderme intenta.

Traidor me llama, y la vida
quita a quien así me afrenta.
¿Qué es esto, desdichas mías?

(Sale Mari-Hernández.)

María   Ya a palacio al traidor llevan,
donde declare verdades,
que han perseguido inocencias.

Álvaro   Si agraviaron tus palabras,
o tú, cualquiera que seas,
con las obras cautivaste
an alma a tus plantas puesta.
¿Quién eres, hombre animoso,
que das vida cuando afrentas,
que defiendes cuando injurias,
que cuando agravias, consuela?

María   Saca la espada otra vez,
mudable, y no me agradezcas
cortesías obligadas
del natural que me esfuerza.
Solo a darte muerte vine,
y no quiero yo que tengan
parte en mis venganzas otros
que así menos nobles fueran.
Traidores he conservado;
mudables ahora intenta
castigar mi justo enojo.
Saca la espada. ¿Qué esperas?

Álvaro   Obligada ya por ti,
justamente se corriera,

                                  si vida que has defendido,
                                  a tus pies no se rindiera.
                                  ¿Qué importan tus vituperios,
                                  ai lo que dice tu lengua
                                  han contradicho tus manos,
                                  dgnas de alabanza eterna?

María   ¡Vive Dios, si no la sacas,
                                  que haciendo alguna vileza,
                                  te dé muerte; aunque después
                                  mis llantos hagan obsequias!

Álvaro   ¿Luego muerto has de llorarme?

María   ¿Pues qué cólera hay tan ciega,
                                  que después que se ha vengado,
                                  no dé muestras que le pesa?

Álvaro   Pues a trueco de obligarte
                                  a que esta lástima tengas
                                  de mi, doy mi muerte ya
                                  por bien dada; pero sea
                                  con condición que me digas
                                  quién eres.

María   Si yo quisiera
                                  dártela, a ser noble tú,
                                  te matara de vergüenza
                                  solamente con decirte
                                  mi nombre; mas considera
                                  quién hay, si no es un celoso
                                  que amó a un tiempo y aborrezca.

(Vase Mari-Hernández.)

124

Álvaro

¡Hombre con amor, y celos
por mí! Confusas quimeras,
en lugar de averiguaros,
más mi desdicha os enreda.
¿Amor y aborrecimiento?
Vive el cielo, que dijera,
a persuadirme imposibles,
que era la serrana bella
la autora de estos milagros.
Su voz confirma sospechas,
su valor las contradice,
y uno y otro me atormentan.
Sabré quién es este enigma,
por los cielos, si me cuesta
la vida que defendió.
¡Oh noche de engaños llena!

(Vase don Álvaro. Sale Dominga, acuchillando a Caldeira.)

Caldeira

Basta, fantasma, o lo que eres;
tengamos las manos quedas,
o riñamos de palabra,
como hacen las verduleras.
¡Callas, y das el porrazo,
que si no matas, derriengas!
¿Por qué me tratas así?
¿En qué te ofendió Caldeira?
¡Darle, y callar! ¿Quién te agravia?
Di una palabra siquiera.

Dominga

La mondonga.

Caldeira

¿Son celuchos?

¿Mas quién duda que lo sean?
Si otra vez la hablare más,
si diere causa a tu ofensa,
plegue a Dios que siendo calvo,
traiga postizas guedejas;
en humo tome el tabaco;
sílbenme, siendo poeta;
en comedias de tramoyas,
salgan mal las apariencias.
Yo me caparé, si gustas;
yo comeré, si deseas
que aborrezca a las mondongas,
los sábados de cuaresma.
¿Puedo yo prometer mas?

Dominga   La mondonga.

Caldeira   ¡Extraña tema!

Dominga   La mondonga.

Caldeira   Amondongada
ruego a Dios que el alma tengas.

(Tocan las campanas dentro.)

Pero ¿qué es esto? A rebato
toca la villa.

(Dentro.)

Voces   ¡Arma! ¡Guerra!
¡Que el portugués nos combate,
y escala ya nuestras cercas!

Caldeira (Aparte.)   (Aun peor está que estaba,
Si el airado rey nos entra;
pues según nos quiere mal,
ha de pringarme.)

Dominga   Agradezca
que sale gente, el guillote.

(Vase Dominga.)

Caldeira   Salga muy enhorabuena;
que según me mondongabas,
ya con el alma hacia cuenta.

(Vase. Salen el Conde y soldados castellanos.)

Soldado I   Manda acudir a los muros;
salga gente, si no intentas
que por Portugal tremolen
sus quinas en tus almenas.

Conde   Si el rey en persona viene,
abridle todas las puertas.
Suyo es cuanto yo poseo;
mis cortesías le venzan.
Abrid, ¿qué esperais? Abridle.

(Salen el Rey y soldados portugueses. El Rey habla a los suyos.)

Rey   Si el conde a los dos me niega,
meted a saco el lugar.

Conde   A vuestros reales pies llega

quien por huésped os recibe,
no por enemigo. Abiertas
las puertas del corazón,
como de esta villa, esperan
yo y sus vecinos a un rey,
cuyo príncipe concierta,
casando con nuestra infanta,
convertir en paz su guerra.

Rey   Conde, alzad, alzad del suelo;
que mi enojo os manifiesta
cuán justamente ofendido
de vos, a vengarse llega.
Mientras diéredes favor
al conde y a la marquesa,
no hay pensar que cortesías
han de moverme a clemencia.

Conde   Ellos y yo a vuestros pies
rendiremos las cabezas,
no obligados de las armas,
sino de la lealtad nuestra.

Rey   ¿Leales son los traidores?

Conde   No los llama así don Egas,
que hiriéndole en nuestra villa,
no sé si su traición mesma,
confiesa insultos que espantan.
Él engañó a vuestra alteza
con firmas que contrahizo
contra toda la nobleza
de Portugal, por quien lloran
Berganza, Estremoz, la reina,

los nobles y los plebeyos.

Rey   ¿Qué decís, conde?

Conde   A su lengua
                         remito aquestas verdades.

Rey   Si eso averiguo, experiencias
                         tendrá el mundo del castigo
                         que ya mi justicia apresta.

(Sale don Álvaro.)

Álvaro (Aparte.)   (No he podido descubrirle.
                         ¿Hay confusiones como éstas?)

Conde   Llegad, conde, y a los pies
                         de vuestro invicto rey, sepa
                         la verdad volver por sí,
                         y ampáreos vuestra inocencia.

Álvaro   Mi enemigo, gran señor,
                         satisfaga a vuestra alteza,
                         escuchando de su boca
                         las traiciones que confiesa.
                         Esta noche a darme muerte
                         entró, y los cielos ordenan
                         que sin conocer por quién,
                         acudiese en mi defensa
                         un hombre que no conozco,
                         si no es ya, señor, que, sea
                         algún ángel, que invisible
                         volvió por la causa nuestra.

129

(Sale doña Beatriz.)

Beatriz   Ya puedo llegar segura
             a estos reales pies que besa
             mi lealtad, si hasta hoy dudosa,
             ya, gracias al cielo, cierta.
             Don Egas, señor invicto,
             sabiendo que vuestra alteza
             está aquí, al rendir el alma,
             desea en vuestra presencia
             confesar traiciones suyas,
             y pedirle perdón de ellas.

(Sale Mari-Hernández.)

María   ¡Vala-me Deos! ¡Os mormullos
             esta noite non me deijam
             pegar os ollos! ¿Qué he isto?
             ¿Com quem temos rifa e guerra?

Conde   García, paso; que el rey
             don Juan honra nuestra tierra.

María   ¿O Rey? Pois os pes lle pido,
             pois fidalgos se os bejam.
             Si eu, gran señor, lle entregase
             a quem den morte a Don Egas,
             ¿Qué lle fará?

Rey   Premiaréle
             tanto, que envidia le tengan.

María   ¿Que non lle fará enforcar?

130

| Rey | No es digna hazaña tan nueva |
| | de tal paga. Mas ¿quién es? |

| María | Mari-Hernandez la gallega. |

| Rey | ¿La serrana? |

| María | Sí, señor. |

| Rey | Llamalda. |

| María | Catai por ela. |

| Rey | ¿Adónde? |

María	Em aquesta cara,
	que do conde os faz entrega
	ora cumpri-me a palabra
	de que ele meu dono seda,
	e diga ele o que me debe,
	pois vive por mí.

| Álvaro | ¿Hay fineza |
| | de amor semejante? |

Rey	Conde,
	vasallo que en competencias
	anda con su rey, es causa
	de adversidades como ésta.
	Mi palabra real he dado
	de que será esposa vuestra
	esta serrana. Cumplidla;
	que si le falta nobleza,
	yo se la doy desde aquí,

y de Barcelos condesa
la nombro.

Beatriz   Invicto señor...

Rey   Beatriz, con el de Olivenza
os habéis vos de casar;
pues ya que yo no os merezca,
no será razón que os goce
mi competidor.

María   Pois veña
a maon; que si sois fidalgo,
e sendo eu cristiana vella,
non perderám mossos fillos,
si lles derem encomendas.

(Salen Dominga y Caldeira.)

Caldeira   Dominguita de mis ojos,
conocîte. Celos deja,
y casémonos los dos.

Dominga   Non queiro, traidor.

Caldeira   ¿Non queira?

Álvaro   Caldeira, que está aquí el rey

María   Dominga, ya soy condesa,
y don Álvaro mi esposo.

Dominga   Pues si tú te casas, venga
esa mano, picarón.

132

María   Mari-Hernándes la gallega
he sido en aquesta historia,
senado, y Tirso el poeta.

Fin de la comedia

Libros a la carta

A la carta es un servicio especializado para
empresas,
librerías,
bibliotecas,
editoriales
y centros de enseñanza;
y permite confeccionar libros que, por su formato y concepción, sirven a los propósitos más específicos de estas instituciones.

Las empresas nos encargan ediciones personalizadas para marketing editorial o para regalos institucionales. Y los interesados solicitan, a título personal, ediciones antiguas, o no disponibles en el mercado; y las acompañan con notas y comentarios críticos.

Las ediciones tienen como apoyo un libro de estilo con todo tipo de referencias sobre los criterios de tratamiento tipográfico aplicados a nuestros libros que puede ser consultado en Linkgua-ediciones.com .

Linkgua edita por encargo diferentes versiones de una misma obra con distintos tratamientos ortotipográficos (actualizaciones de carácter divulgativo de un clásico, o versiones estrictamente fieles a la edición original de referencia).

Este servicio de ediciones a la carta le permitirá, si usted se dedica a la enseñanza, tener una forma de hacer pública su interpretación de un texto y, sobre una versión digitalizada «base», usted podrá introducir interpretaciones del texto fuente. Es un tópico que los profesores denuncien en clase los desmanes de una edición, o vayan comentando errores de interpretación de un texto y esta es una solución útil a esa necesidad del mundo académico.

Asimismo publicamos de manera sistemática, en un mismo catálogo, tesis doctorales y actas de congresos académicos, que son distribuidas a través de nuestra Web.

El servicio de «libros a la carta» funciona de dos formas.

1. Tenemos un fondo de libros digitalizados que usted puede personalizar en tiradas de al menos cinco ejemplares. Estas personalizaciones pueden ser de todo tipo: añadir notas de clase para uso de un grupo de estudiantes,

introducir logos corporativos para uso con fines de marketing empresarial, etc. etc.

2. Buscamos libros descatalogados de otras editoriales y los reeditamos en tiradas cortas a petición de un cliente.